4시간에 끝내는 영화영작

기 본 패 턴

4시간에 끝내는 영화영작

기 본 패 턴

4시간에 끝내는 영화영작: 기본패턴

1판 1쇄	2014년 8월 15일
1판 3쇄	2015년 7월 14일
지은이	Mike Hwang
발행처	Miklish
주소	서울시 영등포구 신길6동 4356번지 203호
전화	010-4718-1329, 070-7566-9009
홈페이지	miklish.com
e-mail	iminia@naver.com
ISBN	979-11-951702-2-7

국립중앙도서관 출판예정도서목록(CIP)

4시간에 끝내는 영화영작: 기본패턴
지은이: Mike Hwang.-- 서울 : Miklish, 2014   126p. ;   12.7cm X 18.8cm

본문은 한국어, 영어가 혼합수록됨
ISBN 979-11-951702-2-7 13740 : ₩11800

영어 작문[英語作文]

746-KDC5
428-DDC21   CIP2014020944

4시간에 끝내는 영화영작

기 본 패 턴

Mike Hwang

Miklish.com

머리말

재미있게! 빠르게! 영어 작문을 배운다.

영어가 가장 어려운 과목이었습니다.

좋은 선생님들을 만나 영어가 쉬워졌고, 2006년부터 학생들을 가르치면서 더 쉽고 빠른 방법을 깨달았습니다. 그 방법은 제가 아는 한 가장 빠르게 영어를 익히는 방법이고, 그 방법은 그동안 제가 집필한 저서에 있습니다.

최근 몇 년간 고민했던 것은 더 재미있는 방법입니다.

앞부분만 읽고 버려지는 책은 만들고 싶지 않았습니다. 이 책에서 영화의 명대사를 영작하며 즐기다보면 자연스럽게 각각의 문법 패턴 원리가 익혀집니다. 문법 패턴이 익혀지면 영어에 대한 두려움이 없어지고 말하기·쓰기가 자연스럽게 익혀집니다. 이후에는 영어로 된 영화·드라마만 봐도 실력이 오릅니다.

'쓰기'를 빠르게 하면 '말하기'입니다. 한국인의 높은 읽기 실력과 낮은 말하기 실력의 간격을 메워주는 것은 영어쓰기입니다. 유창하게 말하고 싶다면, 먼저 쓰기를 통해서 익히세요.

이 책의 영화는 네이버 영화 평점 9.0 이상인 230개의 영화에서 2300개의 명대사를 선정했습니다. 그것의 영어 대사를 수집해 문법패턴으로 분류했고, 실력 향상에 도움이 되는 대사 240개를 뽑아 한 단원에 10개씩 넣었습니다.

영어자막 찾기

구글 검색이나 podnapisi.net/en

영화를 다운 받으시려면, 유료 공유 사이트(빅파일, 파일조, 베가디스크 등)나 토렌트를 이용하시면 됩니다. 자막 파일의 이름을 영상 파일의 이름과 똑같이 해주고, 영상 파일을 실행시키시면 영상에 자막이 나옵니다.

이 책에 수록된 모든 영화의 자막은 miklish.com에 있습니다. 그리고 각 단원의 예문과 관련된 24개의 영화는 대본도 있습니다. 직접 자막을 찾으신다면, '영화의 영어 제목 english subtitle'을 구글에서 검색하시면 됩니다. 아바타의 경우 'avatar english subtitle'입니다.

다만 자막이 영상에 안 맞을 수 있습니다. 더 정확한 자막을 찾고 싶다면 podnapisi.net를 추천합니다. 이 사이트에서 언어와 영화의 길이에 따라 다양한 종류의 자막이 검색됩니다. 유명한 영화는 자막이 너무 많아 찾기 어렵습니다. 이 경우 Enable filters 를 키고 언어를 선택하면 선택한 언어의 자막만 나옵니다.

자막의 종류는 smi, srt, sub 등이 있습니다. 한글자막은 smi가 많고, 영어자막은 srt가 많습니다. smi파일을 워드프로그램에서 열면 영상의 시간은 나오지 않습니다. 각 자막이 나오는 영상의 시간을 알고 싶다면 smi2srt 프로그램을 써서 srt파일로 변환시켜야 합니다.

안 들리는 영화 안 되는 영어

10년을 해도 안 되는 영어

한 사람이 한 달에 영화를 한편 본다고 했을 때, 1년이면 12편, 30년이면 360편입니다. 360편을 편당 100분으로 했을 때 600시간입니다, 그 시간은 잠도 안자고 25일 동안 영화를 봐야 채울 수 있습니다. 그렇게 많이 봤어도, 영화 한 편을 보면 들리는 영어 문장은 몇 문장 안 됩니다.

왜 한국인들은 10년이상 영어를 배우는데도(일주일에 3시간이면 10년이면 1560시간입니다.), 600시간 넘게 영화를 봐도 영어가 들리지 않는 걸까요? 그 이유 중 하나는 스스로 옳게 발음한다고 믿는 단어들이 실제로는 대부분 다르게 발음 되기 때문입니다.

30년간 된장찌개를 먹어 봤다고 맛있는 된장 찌개를 만들 수 있을 까요? 된장 찌개 흉내를 낼 수는 있습니다. 하지만 맛있는 된장찌개를 만들기 위해서는 눈에 보이지 않지만 맛에 중요한 역할을 하는 육수 만드는 법을 배워야 합니다.

듣고 읽기만 하고 영작 연습을 하지 않으면 영어 흉내를 낼 수는 있어도 제대로 영작할 수 없습니다. 기존(학교 교과 과정의) 교육 방법으로 10년, 20년을 해도 말하기·쓰기는 되지 않습니다. 그 이유는 영어에 노출 시간이 부족한 탓도 있지만, 무엇보다 기존의 방식은 문장을 분석하는 법을 가르치기 때문입니다.

안 들리는 영화
안 되는 영어

영화로 영어 공부하는 법

문장을 만들 때는 분석할 때와는 완전히 다른 사고 과정을 거칩니다. 최근 10년 새에 문법 패턴 방식이 대두된 것도 그 때문입니다. 이 책의 영작 문제를 보면 모르는 단어는 손에 꼽을 정도로 적습니다. 그런데도 자꾸 틀리게 영작하게 됩니다. 그 이유는 실제로 만들어 보지 않은 문장이기 때문입니다. 영작이 안 되는 문장은 잘 들리지 않고, 말하기는 더욱 어렵습니다. 반면에, 영작이 되는 문장은 머지않아 말할 수 있게 되며, 말할 수 있는 문장은 대부분 들립니다.

일본어는 한국어와 문법이 거의 같아서, 일본어로 된 애니메이션이나 영화만 봐도 일본어 실력이 늡니다. 하지만 영어는 다릅니다. 영어로 된 영화를 아무리 많이 봐도 한글자막과 함께 보면 실력이 전혀 늘지 않습니다. 실력이 늘고 싶다면 영어자막으로 보거나, 자막 없이 봐야 합니다.(어렵다면 한글자막으로 한번 보고, 영어자막으로 다시 보세요.) 그리고 영화를 보기 전에, 기본적인 문장 구조와 문법을 사용해서 영작할 수 있어야 합니다. 물론 말로 그 훈련을 할 수 있으면 좋지만 시간이 오래 걸립니다. 그리고 대화를 통해 쉬운 문장은 훈련할 수 있지만 어려운 문장은 훈련하기 어렵습니다.

그래서 이 책을 만들었습니다. 중급 이상의 말하기를 원한다면, 먼저 쓰기를 통해서 영작을 익혀야 합니다. 기본 패턴을 익히면 말하기는 시간문제입니다.

4시간에 끝내기

처음 볼 때는 틀려도 신경 쓰지 마세요.

이 책은 중학생 정도의 영어 수준이면 이해할 수 있습니다. 하지만 중학생이 4시간에 처음부터 끝까지 보는 것은 어렵습니다. 꼭 4시간에 끝내고 싶다면 문제 중 1~5번만 풀면 됩니다. 1~5번까지는 쉬운 문제, 6~9번은 어려운 문제가 들어 있습니다.

고등학생이나 성인이라면 4시간에 끝낼 수 있습니다. 1단원에 10분씩, 총 24단원에 4시간입니다. 하지만 한번 본다고 문법 패턴이 완벽하게 익혀지지 않기 때문에 3번~5번 보는 것을 추천합니다.

이 책에 수록된 영작 문제의 수가 부족하다고 느끼시면, miklish.com의 이벤트에 참여하시면 더 많은 문장(240개)을 받으실 수 있습니다. 또한, 사이트에는 영화 영상, MP3, 대본, 자막, 무료 강의도 있습니다.

책의 어휘는 전반적으로 중학생 수준이지만, 정확한 문장을 쓰는 것은 어렵습니다. 정확한 문장을 만들려고 노력은 하되, 스트레스는 받지 마세요. 처음 볼 때는 단어의 개수도 많이 신경 쓰지 마세요. 원어민들도 자주 틀리게 씁니다. 다만 알고 틀리는 것과 모르고 틀리는 것은 다르니, 어떤 점이 틀린지는 알고 있어야 합니다.

4시간에 끝내기

책을 다 보고 나서

이 책을 처음부터 끝까지 본 이후에는, 책에 나온 문장을 MP3로 듣거나, 영상을 틀어 놓고 따라 말해보세요. 가능하면 꼭 받아 써보세요.

이 책의 문법 패턴만으로 약 70%의 영화 문장을 영작할 수 있도록 했습니다. 다시 말해, 이 책만으로 일상 회화의 10문장 중 7문장은 영작할 수 있습니다. 나머지 20%는 이 책의 다음 단계 <4시간에 끝내는 영화영작: 응용패턴>에서 익히시면 됩니다. 그 책에서는 장면 단위(연속된 10문장 가량)의 영작에서 배운 내용을 응용할 수 있도록 도와줍니다.(이 책의 p.122~125에 샘플이 있습니다.) 그리고 나머지 10%는 <4시간에 끝내는 영화영작: 완성패턴(출간 미정)>과 다른 책들을 통해서 익히시면 됩니다. 이 책보다 어렵지만 많은 문장이 수록된 <Grammar in Use intermediate (Cambridge)>도 추천합니다.

영작에 자신감이 생겼다면, 마음에 드는 영화 한편을 골라 전체 문장을 받아 적거나 한글 대본을 보고 영작해보세요. 대사를 외울 수 있으면 더 좋습니다.

혹시 영어를 못 읽으신다면 <1시간에 끝내는 영어발음>을 먼저 보세요. 말하기로 다양한 문법 패턴을 익히는 <두가지 영어>나 직독직해 <나쁜 수능영어>를 참고하셔도 좋습니다.

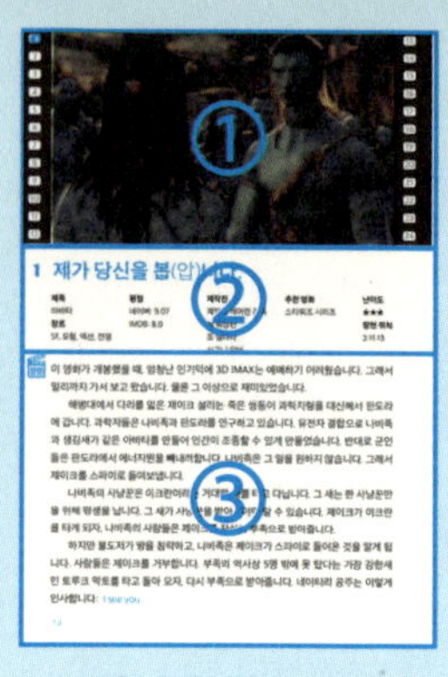

책의 구성: p.18

①

실제 영화 장면입니다. 되도록 예문 말하는 순간을 넣으려고 했지만, 그 장면이 내용을 파악하기 힘들 경우에는 앞뒤 2~3분의 영상 중에서 한 장면을 넣었습니다.

②

예문의 한글 문장과 영화의 정보입니다.

평점은 네이버(movie.naver.com)와 imdb(imdb.com)를 넣었습니다.

관련 영화는 비슷한 느낌의 네이버 평점 9.0 이상의 영화입니다.

난이도는 특정 장면이 아닌 영화의 전반적인 난이도입니다.

장면 위치는 그 대사를 말한 위치인데, 영화 파일마다 영화의 길이가 다를 수 있기 때문에 정확히 맞지 않을 수 있습니다. 길이가 많이 다르면 3분 정도 틀어질 수 있습니다.

③

장면 설명입니다. 영화의 줄거리와 함께 예문이 나오게 된 배경을 설명합니다. 객관적으로 서술하면 재미없게 느껴질 수도 있기 때문에 주관적인 의견도 같이 있습니다.

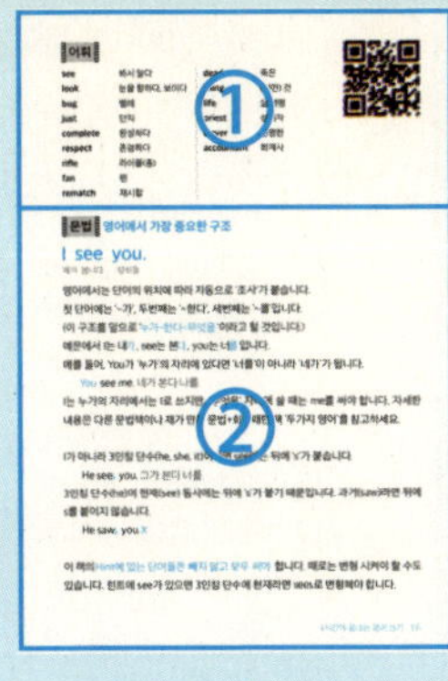

책의 구성: p.19

①

예문과 쓰기 문제의 어휘입니다. 이 단원에 쓰인 뜻이 단어의 대표적인 뜻이 아니면, 대표적인 뜻을 함께 적었습니다. 모르는 단어가 있으면 표시해놓고 두세번 봐주시면 좋습니다. 굳이 외우지는 않으셔도 됩니다. 문제의 문장을 쓰면 쉽게 익혀집니다. 휴대폰으로 오른쪽 상단의 QR코드를 읽으면, 관련된 인터넷 페이지로 이동합니다. 그 페이지에서 이 단원에 수록된 영화 장면을 보실 수 있습니다.(모든 장면이 다 들어있지는 않습니다.)

②

예문의 영어 문장과 문법 설명입니다. 영어 문장 밑에는 직독직해 방식으로 해석된 한글 문장이 있으며(처음에는 어색하게 느껴지더라도, 익숙해지는 것이 실력향상에 도움이 될 것입니다.), 문법 설명은 영화 장면에 쓰인 예문을 중심으로 최대한 쉽게 설명했습니다. Ving는 동명사나 현재분사, Ved는 과거분사, toV는 to부정사를 의미합니다.

이해가 안 되는 부분이 있다면 miklish.com에서 질문 해주세요. 3일 이내에는 답변해 드리겠습니다. 사이트에는 무료 강의 및 영어 노하우, 공부법, mp3도 있습니다. 새 책이 나올 때마다 책을 증정하는 서평단 이벤트도 합니다.

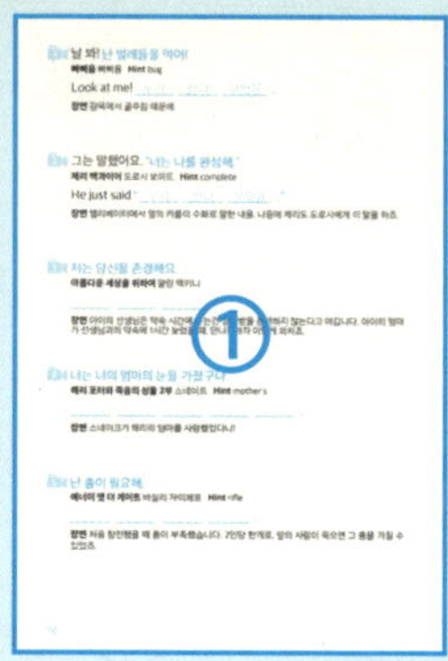

책의 구성: p.20

①

파란색 글씨는 영작해야 하는 부분이고, 검은색 글씨는 이미 영작이 되어있는 부분입니다. 영작하기 쉬운 문장을 제시하려다 보니 의미상 자연스럽지 못한 문장도 있습니다.

Hint의 모든 단어는 단어는 모두 사용하여 영작해야 합니다. 때로는 변형해야 하는 경우도 있습니다. 예를 들어 힌트에 make가 있다면 made나 making으로 변형시켜야 할 수도 있습니다.

빈칸의 개수는 단어의 개수입니다. 관사(a, the, my, this 등), 전치사(in, to, at, on 등)도 한 단어로 여겼습니다.

장면 설명은 대사가 나온 배경이 생각날 수 있도록 썼습니다. 간단한 줄거리가 있거나, 앞뒤 대사가 있습니다.

1~5번은 쉬운 문제입니다. 특히 1~3번은 구조에도 힌트가 있으며 문장이 짧습니다.

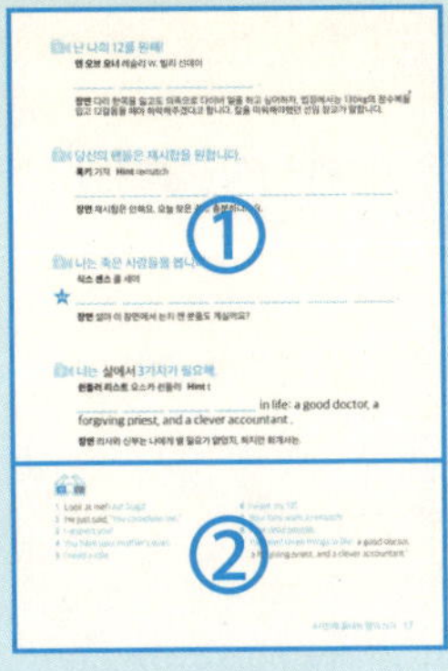

책의 구성: p.21

①

6~9번은 1~5번보다 긴 문장이고, 힌트가 적습니다. 한 문제에 2~3개의 문장이 있기도 합니다.

문장 앞에 표시된 ★은 미국 영화 연구소(http://www.afi.com/)에서 선정한 100개의 명대사에 수록된 문장입니다. 100문장은 부록에 모두 수록되어 있습니다.

이 책에 나온 문법보다 어려운 문장은 장면 설명 밑에 문법 설명을 넣었습니다.

②

영어 문장 정답입니다. 두 단으로 되어있으며 왼쪽 단은 1~5번 문제의 정답, 오른쪽 단은 6~9번 문제의 정답입니다. 되도록 영화 대사의 원문을 쓰려고 했지만, 때로는 쉽게 변형되어 있습니다.

차례

1 제가 당신을 봅(압)니다.

제목	평점	제작진	추천 영화	난이도
아바타	네이버: 9.07	제임스 캐머런 감독	스타워즈 시리즈	★★★
장르	IMDB: 8.0	샘 워싱턴		**장면 위치**
SF, 모험, 액션, 전쟁		조 샐다나		2:11:13
		시고니 위버		

이 영화가 개봉했을 때, 엄청난 인기 덕에 3D IMAX는 예매하기 어려웠습니다. 그래서 멀리까지 가서 보고 왔습니다. 물론 그 이상으로 재미있었습니다.

'판도라'라는 행성에서 과학자들은 유전자 결합으로 나비족과 생김새가 같은 인형(아바타)들을 만들어 인간이 조종할 수 있게 만들었습니다. 그중 하나는 제이크의 쌍둥이 형에게 맞는 아바타입니다. 하지만 형이 죽게 되면서 제이크는 아바타를 조종하기 위해 군인이자 과학자 신분으로 판도라에 갑니다.

판도라에는 나비족에게 적대적인 군인들도 있습니다. 군인들은 판도라에서 자원을 빼내려 하지만 나비족은 원하지 않습니다. 그래서 제이크를 스파이로 들여보냅니다.

나비족의 사냥꾼은 이크란이라는 거대한 새를 타고 다닙니다. 한 마리의 새는 한 사냥꾼만을 받아주며, 그 사냥꾼을 위해 평생을 납니다. 제이크가 이크란을 타게 되자 나비족은 제이크를 자신의 부족으로 받아줍니다. 하지만 불도저가 땅을 침략하고, 제이크가 스파이인 것을 알고 제이크를 거부합니다. 제이크는 신뢰를 되찾기 위해 부족의 역사상 5명밖에 못 탔다는 가장 강한 새인 토루크 막토를 타고 돌아옵니다. 나비족은 제이크를 다시 부족으로 받아주고, 네이티리 공주는 이렇게 인사합니다: I see you.

see	봐서 알다	dead	죽은
look	눈을 향하다, 보이다	thing	(어떤) 것
bug	벌레	life	삶, 생명
just	단지	priest	성직자
complete	완성하다	clever	현명한
respect	존경하다	accountant	회계사
rifle	라이플(총)		
fan	팬		
rematch	재시합		

문법 영어에서 가장 많이 쓰는 문장 구조

I see you.

내가 본다   당신을.

영어에서는 단어의 위치에 따라 자동으로 '조사'가 붙습니다.

첫 단어에는 '~가', 두 번째는 '~한다', 세 번째는 '~를'입니다.

(이 구조를 앞으로 '누가-한다-무엇을'이라고 할 것입니다.)

위 예문에서 I는 내가, see는 본다, you는 너를입니다.

아래 예문의 You가 '누가'의 자리에 있다면 '너를'이 아니라 '네가'가 됩니다. 또한, I는 누가의 자리에서는 I로 쓰지만, '무엇을' 자리에서는 me를 써야 합니다. (대명사의 자세한 내용은 시중의 다른 문법책이나 저의 저서 <두가지 영어>를 참고하세요.)

You see me. 네가 본다 나를.

I가 아니라 3인칭 단수(he, she, it)에 현재 일어나는 일을 표현할 때는 see에는 뒤에 's'를 붙입니다.

He sees you. 그가 본다 너를.

과거(saw)라면 뒤에 's'를 붙이지 않습니다.

He saws you. X ⇒ He saw you. O

이 책의 Hint에 있는 단어는 모두 사용하여 영작해야 합니다. 때로는 변형해야 하는 경우도 있습니다. Hint에 see가 있을 때, 3인칭 단수 현재는 sees로 변형해야 합니다.

1 날 봐! 난 벌레들을 먹어!

빠삐용 빠삐용 **Hint** bug

Look at me! ___누가___ ___한다___ ___무엇을___ .

장면 감옥에서 굶주림 때문에.

2 그는 말했어요. "너는 나를 완성해."

제리 맥과이어 도로시 보이드 **Hint** complete

He just said " ___누가___ ___한다___ ___무엇을___ ."

장면 엘리베이터에서 옆의 연인이 수화로 말한 내용. 나중에 제리도 도로시에게 이 말을 합니다.

3 저는 당신을 존경해요.

아름다운 세상을 위하여 알린 맥키니

_________ _________ _________ .

장면 아이의 선생님은 약속 시각에 늦는 건 상대방을 존경하지 않는 것이라고 여깁니다. 아이의 엄마가 선생님과의 약속에 1시간 늦었을 때, 만나자마자 이렇게 외칩니다.

4 너는 너의 엄마의 눈을 가졌구나.

해리 포터와 죽음의 성물 2부 스네이프 **Hint** mother's

_________ _________ _________ .

장면 스네이프가 해리의 엄마를 사랑했었다니!

5 난 소총이 필요해.

에너미 앳 더 게이트 바실리 자이체프 **Hint** rifle

_________ _________ _________ _________ .

장면 전쟁에 참전했을 때 총이 부족했습니다. 2인당 한 개로 앞의 사람이 죽으면 그 총을 가질 수 있습니다.

 **난 나의 12를 원해!**

맨 오브 오너 레슬리 W. 빌리 선데이

__________ __________ __________ __________ .

장면 다리 한쪽을 잃고도 의족으로 잠수부 일을 하고 싶어 하자, 법정에서는 130kg의 잠수복을 입고 12걸음을 걸어야 허락해주겠다고 합니다. 칼을 미워해야 했던 선임 장교가 말합니다.

7 ◀ 당신의 팬들은 재시합을 원합니다.

록키 기자   **Hint** rematch

__________ __________ __________ __________ __________ .

장면 재시합은 안 해요. 오늘 맞은 걸로 충분하니까요.

8 ◀ 나는 죽은 사람들을 봅니다.

식스 센스 콜 세어

★ __________ __________ __________ __________ .

장면 설마 이 장면에서 눈치챈 분들도 계실까요?

9 ◀ 너는 삶에서 3가지가 필요해: 좋은 의사, 너그러운 신부, 현명한 회계사

쉰들러 리스트 오스카 쉰들러

__________ __________ __________ __________ in life: a good

doctor, a forgiving priest, and a clever accountant.

장면 의사와 신부는 나에게 별 필요가 없었지, 하지만 회계사는...

1 Look at me! I eat bugs!
2 He just said, "You complete me."
3 I respect you!
4 You have your mother's eyes.
5 I need a rifle.

6 I want my 12!
7 Your fans want a rematch.
8 I see dead people.
   (people은 사람'들'이므로 '-s'를 쓰지 않습니다)
9 You need three things in life: a good
   doctor, a forgiving priest, and a clever
   accountant."

2 나는 당신 같은 사람에게 안 어울려요.

제목	평점	제작진	추천 영화	난이도
사랑의 블랙홀	네이버: 9.14	해롤드 래미스 감독	이프 온리	★★★★
장르	IMDB: 8.1	빌 머레이	첫키스만 50번째	**장면 위치**
로맨스, 코미디, 판타지		앤디 맥도웰	어바웃 타임	1:14:20

기상캐스터인 필은 이기적이고 매사에 부정적입니다. 2월 2일은 성촉절로 펑서토니(지역)에 다람쥐가 봄(계절)을 알리는지 보러 가는 날입니다. 먼 시골까지 와서 말도 안 되는 촬영을 하는데에 기분 나빠합니다. 6시에 일어나 식당에서 밥을 먹고, 거리에 나가면 고등학교 동창인 보험영업자를 만나 보험을 거절합니다. 그리고 다람쥐가 봄을 알리는 것을 알리고, 화려한 점심을 먹습니다. 그런데 자고 일어나면 다시 2월 2일이 됩니다.

리타는 초보 프로듀서입니다. 필과 함께 성촉절을 촬영하러 왔습니다. 필은 리타에게 관심이 생겼습니다. 매일 리타와 데이트를 하며 리타의 생각과 취향을 알아갑니다. 리타와 같은 생각을 하는 것처럼 이야기하고, 리타의 이상형처럼 행동합니다. 리타가 좋아하는 음료수를 시키고, 시골을 좋아하는 척하고, 세계평화를 바랍니다. 하지만 리타에게는 처음 겪는 하루이기 때문에, 필은 리타의 마음을 얻지 못합니다. 필은 전보다 더 우울해집니다.

매일이 반복된다는 것을 리타에게 알리고, 결국 리타의 마음을 사로잡습니다. 하지만 자신이 리타에게 부족한 사람이라고 생각하며 말합니다: I don't deserve a person like you. 그래서 필은 더 나은 사람이 되려고 노력합니다.

deserve	~을 받을만 하다	**whore**	창녀
hate	미워하다	**get**	생기다, 얻다
brain	뇌	**second**	두번째
button	단추	**chance**	기회
invite	초대하다		
put	놓다		
shit	똥		
enemy	적		
ourselves	우리 자신을		

[문법] don't

I don't deserve a person like you.

나는 　받을만하지 않다 　한 　사람을 　당신 같은.

하지 '않다'를 표현할 때는 '한다(deserve)' 앞에 don't를 씁니다.(=부정문) 과거에 하지 않'았'다를 표현할 때는 '한다(deserve)' 앞에 didn't를 씁니다.

I don't deserve a person. 나는 받을만하지 않다 한 사람을. (현재)

I didn't deserve a person. 나는 받을만하지 않았다 한 사람을. (과거)

I가 아니라 3인칭 단수(he, she, it)의 현재라면 doesn't를 씁니다.

He doesn't deserve a person. 그는 받을만하지 않다 한 사람을.

셀 수 없는 명사(water, cheese...)나 대명사(I, he...)나 이름(Mike, Helen...)이 아닌 모든 명사 앞에는 한정사(a, the, this, my, some...)가 있어야 합니다. 아니면 명사 뒤에 복수 라는 의미로 's'를 붙여야 합니다. 아래 예문의 person 앞에 있는 'a'도 한정사입니다.

I deserve person. X ⇒ I deserve a person. // I deserve persons.

do와 not을 함께 쓸 때는 주로 줄여 쓰므로 이 책에서는 don't로 줄여서 쓰고 있습니다.

I do not deserve a person. ⇒ I don't deserve a person.

누가(=주어) 앞에 do를 쓰면 묻는 문장이 됩니다. (=의문문)

Do I deserve a person? 내가 받을만합니까 한 사람을?

1 우리는 자넬 미워하지 않아.

그린 마일 폴   **Hint** hate

_____누가_____   ___한다___   ___한다___   __무엇을__   .

장면 사형당하기 바로 전에, 그곳에 자신을 미워하는 사람이 너무 많다고 할 때.

2 나는 뇌가 없나 봐.

크루즈 패밀리 텅크   **Hint** brain

_____누가_____   ___한다___   ___한다___   __무엇을__   __무엇을__   .

장면 아이디어가 뇌에서 나온다면서 뇌를 설명할 때.

3 나의 엄마는 (눈에) 단추들이 없어.

코렐라인 코렐라인   **Hint** mother, button

________   ________   ________   ________   ________   .

장면 새로운 세상에서 눈이 단추로 된 이상한 엄마가 코렐라인의 엄마라고 말하자.

4 너는 나를 초대하지 않았지.

배트맨 2 오스왈트   **Hint** invite

________   ________   ________   ________   .

장면 그래서 화났어!

5 너 저거 봤어?

인셉션 유숩   **Hint** see

________   ________   ________   ________ ?

장면 차가 굴렀는데도 살아남은 후, 운전사는 신나서 말했지만 다 자고 있어서 못 봤음.

6 너는 나의 점심에 똥을 넣었지?

클릭 미스터 엠머   **Hint** put, shit

_________ _________ _________ _________ in my lunch?

장면 공개적으로 스테이시를 지저분한 회사원이라고 말한 것 때문에 복수 당했다고 생각합니다. 사실은 주인공이 시간을 멈추고 방귀를…

7 나는 음식을 좋아하지 않아. // 나는 그것을 사랑하지.

라따뚜이 피터 오툴

_________ _________ _________ _________ . //

_________ _________ _________ .

장면 사랑하지 않는 것(형편없는 음식)은 삼키지도 않아.

8 우리는 그 적과 싸운 것이 아니었다. // 우리는 우리 자신과 싸웠다.

플래툰 크리스 테일러   **Hint** enemy, ourselves

_________ _________ _________ _________ _________ .

_________ _________ _________ .

장면 헬기를 타고 베트남에서 떠날 때, 전쟁을 회상하며.

9 창녀들은 두 번째 기회를 가질 수 없어.

아이덴티티 티모씨   **Hint** whore, get, second

_________ _________ _________

_________ _________ _________ .

장면 야구 배트로 내려치며.

정답

1 We don't hate you.
2 I don't have a brain.
3 My mother doesn't have buttons
4 You didn't invite me
5 Did you see that?

6 Did you put shit in my lunch?
7 I don't like food. I love it.
  (food는 주로 불가산으로 씁니다.)
8 We didn't fight the enemy,
  we fought ourselves.
9 Whores don't get
  a second chance.

3 내가 너의 아빠야.

제목	평점	제작진	추천 영화	난이도
스타워즈 에피소드 5 - 제국의 역습	네이버: 9.14 IMDB: 8.8	어빈 케쉬너 감독 마크 해밀	아바타 혹성 탈출	★★★
장르		해리슨 포드		**장면 위치**
SF,모험,액션,판타지		캐리 피셔		1:25:30

가장 뛰어난 SF영화 5개를 고르면, 그중 하나는 스타워즈일 것입니다. 영화가 하나의 문화나 신드롬이 된 작품은 드뭅니다. 아이들이 형광봉을 칼이라고 휘두르거나, 스타워즈의 모든 대사를 외우거나(일본에는 이런 분들이 많습니다.) 하는 것은 이 영화가 가진 힘입니다. 그런 데에는 총보다 빠른 광선검, 우주를 넘나들며 등장하는 외계인들과 로봇, 거대한 서사시, 독특한 캐릭터, 평범한 아이가 힘을 깨닫고 성장하는 과정 등등. SF영화에서 상상할만한 것들을 완벽하게 가지고 있습니다.

이 영화에는 주인공 스카이워커와 악당 다스베이더가 등장합니다. 검은 망토에 검은 마스크, 전자음 목소리. 누구나 한번 보면, 설명 없이도 대단한 악당인 것을 알 수 있습니다. 주인공은 온갖 노력을 해서 결국 악당과 싸우게 됩니다. 하지만 주인공은 상대가 안 됩니다. 결국, 오른팔까지 잘립니다. 그 순간 악당은 충분히 죽일 수 있는데도 죽이지 않고 자신과 함께하자고 합니다. 그래도 거절하는 주인공에게 숨겨 온 사실을 말합니다: I'm your father.

그렇게 미워하고, 죽이고 싶어 했던 그 악당이 아빠라니!

총 9편 중에 현재 6편까지 만들어졌고, 2015년에 7편이 개봉할 예정입니다.

father	아빠	fish	물고기
today	오늘	human	인간
tomorrow	내일	boy	소년
us	우리들(을)	best	최고의
home	집	his	그의
young	젊은		
old	늙은		
part	부분		
another	또 하나(의)		

문법 영어에서 두 번째로 많이 쓰는 문장 구조

I'm your father.
내가 상태모습이다   너의   아빠인.

1,2단원은 영어에서 가장 많이 쓰이는 문장 구조(누가-한다-무엇을)로 행동(≒동작)을 표현할 때 씁니다. 3,4단원은 두 번째로 많이 쓰는 구조로 '누가(I)-상태모습이다(am)-어떤(your father)'이며, 상태나 모습을 표현할 때 씁니다.

비동사의 의미는 '상태모습이다'입니다.

　I am your father. 내가 상태모습이다 너의 아빠인.

비동사는 주어(=누가)에 따라 다르게 씁니다.

	1인칭	2인칭	3인칭
한명	I am a father.	You are a father.	He is a father.
여러명	We are fathers.	You are fathers.	They are fathers.

'누가'의 과거 '상태모습'을 표현할 때는 'was(한명일 때)'나 'were(여러명이거나 you일 때)'을 씁니다.

　He was your father. // You were my father.

주어와 비동사를 함께 쓸 때는 주로 줄여 쓰므로 이 책에서도 줄여서 쓰고 있습니다.

　I am your father. ⇒ I'm your father.

1 오늘은 내일이에요.

사랑의 블랙홀 필 코너 **Hint** tomorrow

___누가___ ___상태모습___ ___어떤___ :

장면 오늘만 반복되다가 내일이 됐을 때.

2 그것은 우리였어요.

노트북 앨리

___누가___ ___상태모습___ ___어떤___ .

장면 한 시간 넘게 모든 이야기를 듣고 잠깐 기억을 찾아냈을 때.

3 너의 엄마가 나의 집이야.

노트북 노아 **Hint** home

___누가___ ___누가___ ___상태모습___ ___어떤___ ___어떤___ .

장면 가족들이 기억상실증에 걸린 엄마를 떠나라고 하자.

4 내가 젊어 // 내가 늙어

백 투 더 퓨쳐 2 제니퍼

___누가 + 상태모습___ ___어떤___ ! // ___________ _________ !

장면 미래의 제니퍼가 과거의 제니퍼를 만났을 때.

5 저는 당신의 첫 번째 팬이에요.

미져리 애니 윌키스 **Hint** number one

_________ _________ _________ _________ _________ .

장면 이만큼 열정적인 팬은 찾을 수 없을 것입니다.

6 그렇다면, 저도 부분적으로는 인간이에요.
바이센테니얼 맨 앤드루 마틴   **Hint** human

Then, ___________ ___________, in part.

장면 어떤 부분이 인간이냐고 묻자 가슴을 가리킵니다. 감정을 느낄 수 있으니까요.

7 결국, 내일은 또 (다른) 하나의 날이에요.
바람과 함께 사라지다 스칼렛 오하라   **Hint** another

31 After all, ___________ ___________ ___________ ___________.

장면 레트가 떠난 뒤 레트를 찾기 위해 고향으로 가겠다고 결심하는 마지막 장면.

8 물고기들은 음식이 아니라 친구들이다.
니모를 찾아서 상어와 친구들(앤처, 첨, 부르스)

___________ ___________ ___________, not food.

장면 채식주의를 하는 상어들의 선서 중에서.

9 글쎄요, 소년의 최고의 친구는 그의 엄마지요.
싸이코 안소니 퍼킨스

56 Well, ___________ ___________ ___________ ___________ ___________

___________ ___________.

장면 엄마 말고 친구들이랑은 안 어울리냐고 묻자.

정답

1 Today is tomorrow.
2 It was us.
3 Your mother is my home.
4 I'm young! // I'm old!
5 I'm your number one fan.

6 Then I'm human, in part.
(human은 원래는 주로 셀 수 있습니다.)
7 After All, Tomorrow is another day.
8 Fish are friends, not food.
(fish는 복수일 때에 's'를 안 붙입니다.)
9 Well, a boy's best friend is
his mother.

4 너는 내 아들이 아니야.

제목	평점	제작진	추천 영화	난이도
체인질링	네이버: 9.17	클린트 이스트우드 감독	에이 아이	★★★
장르	IMDB: 7.8	안젤리나 졸리		**장면 위치**
드라마, 범죄, 미스터리		존 말코비치		0:34:51

1928년, 엄마(크리스틴 콜린스=안젤리나 졸리)는 일하러 간 사이에 아이가 실종됩니다. 몇 달 만에 찾은 아이를 만났지만, 자신의 아이가 아니었습니다. 엄마는 자신의 아이가 아니라고 말하지만, 경찰과 그 아이는 맞다고 주장합니다. 경황이 없는 엄마는 자신의 상태가 안 좋아서 그런 것 같다고 일단은 데리고 갑니다.

아무리 봐도 자신의 아이가 아닌 것 같아서, 키를 재보니 7.5cm 줄어 있었습니다. 경찰에 이야기해도 경찰은 옳은 아이를 찾아줬고 엄마가 잘못됐다고 합니다. 적반하장으로 충격을 받으면 키가 줄 수도 있다는 말도 합니다. 엄마는 계속해서 아이에게 이야기합니다: You're not my son.

치과에 가서 진료 기록을 떼고, 학교 선생님께도 이야기합니다. 명백한 증거를 갖고 경찰에 찾아갔지만, 경찰은 엄마를 정신병원으로 보냅니다. 사태는 아이를 죽인 살해범이 나타날 때까지 계속됩니다.

재미있는 점은 진짜 아이가 초반에 잠깐 나오다 보니, 보는 입장에서도 진짜 아이가 맞는데 엄마가 오해하고 있는 건 아닌지 조금 헷갈렸습니다. 그리고 황당한 건 이게 실화라는 점입니다.

son	아들	blind	눈 먼
gun	총	resemblance	닮음
fault	잘못	hungry	배고픈
serious	심각한	smart	똑똑한
fisherman	어부		
mad	미친		
dear	친애하는 (사람)		
wrong	틀린		
at all	전혀		

［ 문법 ］ 비동사의 조동사 역할

You're not my son.

너는　　상태모습이 아니다　나의　아들인.

부정문과 의문문을 만들기 위해 쓰는 단어를 '조동사'라고 합니다. 2단원에서 나온 'do' 는 조동사입니다. 비동사도 조동사의 역할을 하며 부정문과 의문문을 만들 수 있습니다.

비동사 뒤에 not을 쓰면 '아니다'라는 문장입니다. (=부정문)

You're not my son. 너는 상태모습이 아니다 나의 아들인.

누가(=주어) 앞에 비동사를 쓰면 묻는 문장입니다. (=의문문)

Are you my son? 상태모습이니 너는 나의 아들인?

주어와 비동사를 함께 쓸 때는 주로 줄여쓰므로 이 책에서는 줄여서 쓰고 있습니다.

You are my son. ⇒ You're my son.

또한, 비동사와 not을 줄여 쓸 수도 있습니다.

You are not my son. ⇒ You aren't my son.

이 단원의 영작 문제에는 일반동사(='누가-한다-무엇을'에서 '한다')인 문장도 섞여 있으니 주의해주세요.

1 나는 총이 아니야.

아이언 자이언트 아이언 자이언트   **Hint** gun

누가 + 상태모습 not 어떤 어떤 .

장면 실수로 호가드를 죽일뻔해서 헤어졌다가 다시 만났을 때.

2 그것은 너의 잘못이 아니야.

굿 윌 헌팅 숀 맥과이어   **Hint** fault

누가 + 상태모습 상태모습 어떤 어떤 .

장면 윌이 스카일라와 헤어져서 힘들어할 때 이 말을 계속 반복하며 위로합니다.

3 그는 진지한가요(=진담인가요)?

미션 임파서블 프랜즈 크리거   **Hint** serious

_____________ _____________ _____________ ?

장면 CIA 건물 안의 IMF를 털겠다고 하자.

4 너는 단지(평범한) 어부가 아니야.

캡틴 필립스 리차드 필립스   **Hint** fisherman

_____________ _____________ just _____________ _____________ .

장면 특수부대가 도착하자 캡틴 필립스의 머리에 총을 겨누고 죽이겠다고 협박할 때.

5 당신 미쳤어요?

인디아나 존스 2 인디아나 존스   **Hint** mad

_____________ _____________ _____________ ?

장면 인디아나 존스가 사이비 종교 집단에 협력하여 윌리 스콧을 제물로 바치기 위한 철창에 가두자.

6 미안해요, 수신자님. // 당신은 잘못된 번호를 갖고 계시군요.

쥬만지 주디 셔퍼드   **Hint** the

________ ________ , dear.

________ ________ ________ ________ ________ .

장면 집은 엉망이 됐는데 고모한테 전화 왔을 때, 본인이 아닌척 영국식 발음으로 말합니다.

7 네가 옳았었어. // 멤피스는 전혀 멀지 않아.

소년은 울지 않는다 티나 브랜든   **Hint** were, far, Memphis

________ ________ ________ . //

________ ________ ________ at all.

장면 죽기 전 라나에게 쓴 편지에서.

8 앨리스, 당신은 눈이 멀었나요? // 가족의 닮은 점이 보이지 않나요?

리멤버 타이탄 게리 버티어   **Hint** blind, the family resemblance

Alice, ________ ________ ________ ? //

________ ________ ________ ________ ________ ?

장면 흑인인 같은 팀 선수가 병원에 면회 왔는데, 가족만 면회가 가능하다고 말하자.

9 그런데... 그는 똑똑한가요?

포레스트 검프 포레스트 검프

________ ________ ________ . //

But... ________ ________ ________ ?

장면 아기가 자신을 닮을까 봐 걱정하며.

정답

1 I'm not a gun.

2 It's not your fault.
(=It isn't your fault.)

3 Is he serious?

4 You're not just a fisherman.
(=You aren't just a fisherman.)

5 Are you mad?

6 I'm sorry, dear. //
You have the wrong number.

7 You were right. //
Memphis isn't far at all.

8 Alice, are you blind ? //
Don't you see the family resemblance ?

9 But...is he smart?

5 난 돌아올 것이다.

제목	평점	제작진	추천 영화	난이도
터미네이터 2	네이버: 9.35	제임스 캐머런 감독	로보캅	★★
장르	IMDB: 8.5	아놀드 슈왈제네거	아바타	**장면 위치**
SF, 액션, 스릴러		린다 헤밀턴		1:58:40

1997년에 세계는 핵전쟁으로 30억 명이 죽고 나라 사이의 전쟁은 끝납니다. 이후엔 사람과 로봇이 전쟁합니다. 그리고 2029년(이제 10여년밖에 남지 않았습니다.)에 로봇들은 반란군 지도자인 존 코너를 죽이기 위해 과거로 로봇을 보냅니다. 반란군도 이를 막기 위해 로봇을 보냅니다. 그 로봇들은 슈퍼 히어로를 능가하는 액션을 보여줍니다. 웬만큼 총을 맞아도 끄떡없고, 살짝만 쳐도 벽이 무너집니다. 스스로 재생도 하고요.

터미네이터 2, 슈렉 2, 아이언 맨 2는 본편보다 나은 속편은 없다는 설을 깬 몇 안 되는 영화입니다. 그 외에도 크게 흥행한 토이 스토리 시리즈, 미션 임파서블 시리즈도 있습니다. 반면에 본편 때문에 어느 정도 흥행은 했지만 기억에서 사라진 록키 시리즈, 쏘우 시리즈, 테이큰 2, 라이온 킹 2 등도 있습니다. 그런 데에는 본편의 이미지가 강렬해서 영화를 보기 전부터 본편만큼 기대를 하기 때문이 아닐까 싶습니다.

터미네이터는 말수가 적은데, 시리즈에서 수없이 반복하는 대사가 있습니다: I will be back. 이 대사는 미국 영화 연구소에서 뽑은 100대사 중 37위에 랭크 됐습니다. 2015년에 터미네이터 5로 이병헌 씨와 함께 아놀드 슈왈제네거가 돌아온다고 하니 언제까지 저 대사처럼 돌아(back) 올 수 있을지 궁금합니다.

handle	다루다	first	첫번째, 먼저
leave	남기고 떠나다	vengeance	복수
die	죽다	carry	나르다
be going to	(당연히) ~할것이다	second	초(시간)
ever	강조의 의미	something	어떤 것
present	선물	just	단지
watch	(따라 다니며) 보다	picture	그림(그리다)
grow	자라다, 자라게 하다		
convince	설득시키다		

문법 조동사와 본동사(한다나 상태모습이다)는 한 덩어리

I will be back.
나는 상태모습일 것이다 돌아 온.

동사를 더 구체적으로 표현하기 위해서 동사 앞에 조동사(will, can, may)를 씁니다.
조동사 뒤에 있는 동사는 동사의 원래 형태(사전에서 찾을 수 있는 형태)를 씁니다.

> I will am back. **X** ⇒ I will be back.
>
> He will sees you. **X** ⇒ He will see you.

will: '~할 것이다'로 해석하고, 현재의 의지를 나타냅니다.

> I will see you. 나는 볼 것이다 너를.

be going to: '당연히 ~할 것이다'로 해석합니다. will이나 can 만큼 많이 씁니다.

> I'm going to see you. 나는 당연히 볼 것이다 너를.

can: '~할 수 있다'로 해석하고, 가능성을 나타냅니다.

have to: '~해야 할 이유가 있다'로 해석합니다.

must: '~해야 한다'로 해석하며, 의무를 나타냅니다.

조동사와 not을 함께 쓸 때는 주로 줄여쓰므로 이 책에서는 줄여서 쓰고 있습니다.

> I will not be back. ⇒ I won't be back.

조동사의 과거는 과거를 의미하지 않습니다. 주로 조동사의 현재를 약하게 표현하기 위해서 씁니다. would는 약한 의지를 나타내며 현재나 미래에 '~할 것 같다'로 해석합니다. could은 '~할 수도 있다'로 해석합니다.

> I would be back. 나는 (미래에) 상태모습일 것 같다 돌아온.

1 너는 그 진실을 다룰 수 없어!

어 퓨 굿 맨 나단 R. 제셉 장군　**Hint** handle

30 ___누가___　___한다___　___한다___　___무엇을___　___무엇을___ .

장면 풋내기 중위가 진실을 밝히기엔 너무 위험한 일이었습니다.

2 나는 이 사람들이 죽도록 남기고 떠날 수는 없어요.

호텔 르완다 폴 루세사바기나　**Hint** these, leave

___누가___　___한다___　___한다___　___무엇을___　___무엇을___　to die.

장면 아내와 자식들을 트럭에 태워 보내고 자신은 사람들을 위해 남습니다.

3 난 너에게 (네가 가져본 어떤 것보다) 가장 큰 크리스마스 선물을 줄 거야.

프리퀀시 존 설리반　**Hint** be going to, Christmas, the biggest

__________ __________ __________ __________ you

__________ __________ __________ __________ you ever had.

장면 오랫동안 기억해야 해. 그건 바로 '야후'야. (야후에 투자하라는 의미로)

4 너는 (당연히) 많은 아기를 낳을 거야. //
그리고 (당연히) 그들이 자라는 것을 볼 거야.

타이타닉 잭 도슨　**Hint** be going to, lots of, make

You're going to __________ __________ __________ __________ . //

And __________ __________ __________ __________ grow.

장면 잭이 구명보트에 로즈를 남기고 떠나며.

5 아마도 당신은 먼저 당신 스스로를 확신시켜야 해요(할 이유가 있어요).

매디슨 카운티의 다리 로버트 킨케이드　**Hint** convince, have to

Maybe __________ __________ __________ __________ __________ first .

장면 6개의 출판사에서 이미 거절한 사진집이라 아무도 사지 않을 것이라고 하자.

6 나는 나의 복수를 가질 거야, 이번 삶에 아니면 다음 (삶)에라도.

글레디에이터 막시무스 **Hint** vengence

I ________ ________ ________ ________ , in this life

or the next.

장면 아내는 겁탈당하고 가족을 모두 잃은 뒤.

7 나는 당신을 위해 그것(반지)을 나를 수 없어요,
하지만 당신을 나를 수는 있어요.

반지의 제왕 3 샘 **Hint** carry

________ ________ ________ ________ for you,

but ________ ________ ________ ________ .

장면 샘이 프로도를 업으며.

8 그들이 널 (당연히) 가져갈(잡아갈) 거야. //
너는 5(초)를 가질 거야, 어쩌면 10초일 지도 몰라.

테이큰 브라이언 밀스 **Hint** be going to, will

________ ________ ________ ________ ________ . //

________ ________ ________ ________ , maybe ten seconds .

장면 아주 중요한 시간이야. 전화기를 바닥에 내려놓고, 그들에 대해 보이는 모든 것을 말해.

9 너는 나를 위해 어떤 것을 해줄 수 있어? // 제발? //
너는 단지 나를 위해 너의 삶을 상상할 수 있어?

노트북 노아 **Hint** will, picture

________ ________ ________ ________ for me? // Please? //

________ ________ just ________ ________ ________ for me?

장면 30년 후, 40년 후에는 어떨 것 같아? 그 남자와 함께라면 가버려.

정답

1 You can't handle the truth!

2 I can't leave these people to die.

3 I'm going to give you
the biggest Christmas present you ever had.

4 You're going to make lots of babies. //
And you're going to watch them grow.

5 Maybe you have to convince yourself first.

6 I will have my vengeance, in this life
or the next.

7 I can't carry it for you,
but I can carry you.

8 They're going to take you. //
You will have five, maybe ten seconds.

9 Will you do something for me? // Please? //
Will you just picture your life for me?

6 나는 손에 피를 묻혔어.

제목	평점	제작진	추천 영화	난이도
그랜 토리노	네이버: 9.19	클린트 이스트우드 감독	레옹	★★★★
장르	IMDB: 8.2	클린트 이스트우드	용서 받지 못한 자	**장면 위치**
범죄, 드라마		크리스토퍼 칼리	이보다 더 좋을 순 없다	1:41:01
		비 방		

할머니께서 돌아가신 뒤엔, 가족들조차 고지식하고 고리타분한 할아버지를 만나기 꺼립니다. 한국 전쟁에 참전했다는 죄책감 때문인지 불량배에게 당하려는 아이를 구해주고, 제대로 클 수 있도록 도움을 줍니다.

그러나 그에 대한 보복으로 불량배들은 아이의 누나를 납치해서 얼굴에 칼자국을 냅니다. 이 동네를 떠나지 않는 이상 불량배에게서 벗어날 방법은 없습니다. 경찰을 통해 벌을 준다해도 다시 풀려 나오면 더 심하게 괴롭힐 테니까요.

할아버지와 아이는 불량배들을 소탕하기로 약속하고 다시 만나지만, 할아버지가 아이를 지하실에 가두고는 말합니다: I got blood on my hands. I am soiled.

'soil'은 명사로 쓰면 '흙'이지만, 동사로 쓰면 '더럽히다'입니다. 이미 더럽혀졌으니까 자신이 다 덮어쓰겠다는 것입니다.

각종 카우보이 영화에서 젊은 클린트 이스트우드 아저씨는 항상 운이 좋았고, 항상 이겼습니다. 이제는 너무 늙은 할아버지, 영화 내내 기침하던 모습이 뭔가 불안합니다. 결국, 영화는 충격적인 반전을 선사하며 끝납니다.

got	가졌다(get의 과거)	forget	잊다
blood	피	save	구하다, 아끼다
had	가졌다(have의 과거)	anything	어떤 것
soil	흙, 더럽히다	back	뒤로, 등
spent	소비했다	million	백만(의)
stone	돌	seed	씨앗
move	움직이다, 이사하다	ground	땅
put	놓다	destruct	파괴용의
mouth	입	luck	행운

🎬 문법 전치사는 국어의 조사

I got blood on my hands.
나는 가졌다   피를   나의   손들에 접촉해서.

영어에서 '누가-한다-무엇을'까지는 조사가 자동으로 붙지만, 그 다음부터 조사를 붙이기 위해서는 전치사를 써야 합니다. 전치사는 한국말의 조사와는 달리 단어의 뒤에 붙는 게 아니라 앞에 붙습니다. 한국말은 집에서인데 영어는 at home입니다. 위 예문에서 on은 hands 앞에 있지만, 한글 해석은 hands 뒤에 붙어서 '손들에 접촉해서' 됩니다:

on: '~에 접촉해서'로 해석합니다.

at: '~의 한 지점에서'로 해석하며, 점으로 찍는 것을 나타냅니다.

   I got blood at hands. 나는 가졌다 피를 손들의 한 지점에.

in: '~ 안에, ~후에(뒤에 시간이 나오면)'로 해석합니다. 둘러싸인 안을 나타냅니다.

   I got blood in hands. 나는 가졌다 피를 손들 안에.

   I get blood in an hour. 나는 가진다 피를 한 시간 후에.

for: '~을 위해'로 해석하며, for 다음에 나오는 명사를 바라보며 말합니다.

   I got blood for hands. 나는 가졌다 피를 손들을 위해.

like: '~처럼'으로 해석합니다. (동사인 경우에는 '좋아한다'를 의미합니다.)

   I got blood like animals. 나는 가졌다 피를 동물처럼.

전치사+명사(=on+hands)는 한 덩어리로 봐야 합니다. 그 한덩어리가 '동사(=got)를' 꾸며줍니다. '나는 손에 피를 묻혔다.'에서 '손에 나는, 손에 피를, 손에 묻혔다' 중 가장 자연스러운 것은 '손에 묻혔다'입니다.

1 당신은 '안녕'에서 절 가졌어요.
제리 맥과이어 도로시 보이드 **Hint** have, hello

★52 ___누가___ ___한다___ ___무엇을___ _________ _________ .

장면 제리가 오랜만에 루시를 만나 길게 설명하자, 도로시는 그렇게 길게 말하지 않아도 이미 들어오는 순간 용서했다고 말합니다.

2 너는 룸서비스에 967달러(약 100만원)를 썼단 말이야!
나 홀로 집에 2 존 허드 **Hint** spend, room service

___누가___ ___한다___ ___무엇을___ _________

_________ _________ _________ .

장면 영수증을 받고 호텔 밖에 다 들리도록 크게 화냅니다.

3 저는 15번 의자에 있어요!
캡틴 필립스 필립스 **Hint** seat 15

___누가 + 상태모습___ ___어떤___ ___어떤___ ___어떤___ .

장면 납치된 함장이 특수요원들에게 자신의 위치를 계속해서 알려줍니다.

4 나는 돌이다. // 나는 움직이지 않는다. //
아주 느리게, 나는 눈을 입속에 넣는다.
에너미 앳 더 게이트 바실리 자이체프 **Hint** stone, snow, mouth

_________ _________ _________ . // I don't move. // Very slowly,

_________ _________ _________ _________ _________ _________ .

장면 그러면 늑대가 나의 숨 쉬는 것을 볼 수 없을꺼야. 늑대를 저격하는 법을 배우며.

5 너는 Emily나 Andy 같은 애들을 절대 잊지 않아.
토이 스토리 2 제시 **Hint** never, kids

_________ _________ _________ _________

_________ _________ or _________ .

장면 하지만 그들은 너를 잊을거야.

6 나는 절대 헤엄쳐 돌아오기 위해 어떤 것도 아끼지 않았어.
가타카 안톤 **Hint** anything

__________ __________ __________ __________ __________

the swim back.

장면 어떻게 수영 시합에서 항상 이길 수 있느냐고 묻자.

7 클라라는 100만명 중 한 명(정도 있는 사람)이었어요.
백 투 더 퓨쳐 3 마티 맥플라이 **Hint** Clara, a million, one

__________ __________ __________

__________ __________ __________ .

장면 박사가 술집에서.

8 인간들은 땅에 씨앗을 심으려고 해요,
그리고 그들은 피자 같은 음식을 길러내요.
월-e 선장 **Hint** would, put, the ground

Humans __________ __________ __________ __________ __________

__________ , and __________ __________ __________ , __________ pizza.

장면 대단한 상상력이군요.

9 이 테이프는 5초 후에 스스로 폭파할 것입니다. // 행운이 있기를, 짐.
미션 임파서블 테이프의 목소리 **Hint** self-distruct

__________ __________ __________ __________

__________ __________ __________ . // Good luck, Jim.

장면 첩보 영화에서 흔하게 등장하는 물건입니다. 미션 임파서블에서도 매회 등장합니다.

정답

1 You had me at "hello."
2 You spent 967 dollars
   on room service?!(spend에는 on이 어울립니
   다. spend A on B = B에 A를 쓰다.)
3 I'm in Seat 15. (seat on도 가능 합니다.)
4 I'm a stone. // I don't move. // Very slowly,
   I put snow in my mouth.
5 You never forget kids like Emily or Andy.
6 I never saved anything for the swim back.
7 Clara was one in a million.
8 Humans would put seeds in the ground,
   and they grow food, like pizza.
9 This tape will self-destruct
   in five seconds. // Good luck, Jim

7 인생은 초콜릿 상자 같았어.

제목	평점	제작진	추천 영화	난이도
포레스트 검프	네이버: 9.35	로버트 저메키스 감독	아이앰 샘	★★★
장르	IMBD: 8.8	톰 행크스	레인 맨	**장면 위치**
드라마, 코미디		샐리 필드		0:03:37
		로빈 라이트		

포레스트 검프는 아이큐 75의 바보입니다. 바보라서 홀어머니의 말을 철썩 같이 따릅니다. 현명한 어머니께서 해준 말씀 중 가장 인상 깊은 말은 이것입니다: Life was like a box of chocolates. You never know what you're going to get.

마치 초콜릿 상자에서 포장된(내용물이 보이지 않는) 초콜릿을 꺼내는 것처럼, 인생에서 무엇을 얻을지는 누구도 알 수 없습니다. 이 대사는 미국 영화 연구회가 선별한 100 명대사 중에 41위에 랭크 됐습니다.

포레스트는 대부분의 사람들보다 훨씬 인상적인 삶을 삽니다. 케네디 대통령과 닉슨 대통령도 만나고, 탁구 챔피언도 되고, 베트남 전쟁 영웅도 됩니다. 여자 친구와의 실연 후에 3년간 미국 전역을 달리다가 유명 인사가 되기도 합니다. 또, 새우잡이 배에서 번 돈을 애플(회사)에 투자해서 갑부가 됩니다. '필요 이상의 돈은 자랑하는데 말고는 쓸모없다'는 어머니 말씀을 따라 그 돈의 대부분을 기부합니다.

소설이니까, 영화니까 가능한 이야기지만, 영화를 보는 내내 바보여서 더 행복 했을 것 같다는 생각이 듭니다. 대부분의 정상적인 사람들은 옳은 것이 뭔지 알면서도 실행에 옮기지 않습니다. 그러고는 지난 일을 후회합니다.

shrimp	새우	draft	(완성되지 않은)원고
king	왕	well-being	잘 사는 것
world	세계	prickly	꺼끌꺼끌한
top	꼭대기	back	뒤로, 등
middle	중간의	wish	소망하다
enjoy	즐기다	question	질문
landfill	매립지	answer	대답
learn	배우다		
first	처음의, 먼저		

문법 어울리는 전치사

Life was like a box of chocolates.
삶은　상태모습이었다 (~같은)　한　상자의　　　초콜릿 같은.

of: '~의'로 해석하며, of 앞에 있는 명사의 부분과 of 뒤에 있는 명사의 부분이 붙어 있습니다.

위 예문에서 a box는 chocolate을 포함합니다. 전치사는 명사 뒤에 붙어서 해석돼야 하지만, of만 한글로 해석했을 때 명사의 뒤가 아니라 앞에 붙는 게 자연스러울 수 있습니다.(초콜릿의 상자X, 상자의 초콜릿O)

with: '~과 함께'로 해석하며, write은 도구를 갖고 쓰기 때문에 with가 어울립니다.

I write a note with a pen. 나는 쓴다 노트를 펜과 함께(=펜을 갖고)

without: '~없이'로 해석하며, with의 반대말입니다.

I write a note without a pen. 나는 쓴다 노트를 펜 없이.

to: '~을 향해, ~로'로 해석합니다. answer에는 '~을 향한 대답'으로, 어떤 방향으로의 도달을 의미하는 to가 어울립니다.

I have an answer to the question. 나는 그 질문(을 향한)에 대답이 있다.

from: '~로부터'로 해석하며, to의 반대말입니다. keep을 피하고 싶은 것으로부터 유지한다는 의미로 쓸 때는 from이 어울립니다.

I keep myself from chocolates. 나는 유지한다 나 자신을 초콜릿(먹는 것)으로부터.

about: '~(의 주변)에 대해'로 해석하며, 주변을 의미합니다.

I know you. 나는 안다 너를 // I know about you. 나는 안다 너(의 주변)에 대해.

1 새우는 바다의 과일이야.

포레스트 검프 벤자민 버포드 부바 블루   **Hint** shrimp

<u>　누가　</u>　<u>상태모습</u>　the　<u>　어떤　</u>

―――――　――――――　――――――.

장면 불에 구워먹고, 삶아 먹고, 지져 먹고, 오븐에 구워먹고, 튀겨먹고. 새우 산적, 새우 크리올, 새우 검보 스튜, 살짝 볶기, 달달 볶기, 파인애플 얹은 요리, 레몬 얹은 요리, 코코넛 얹은 거, 고추 얹은 거, 새우 수프, 새우 스튜, 새우 샐러드, 감자를 곁들인 새우, 새우버거, 새우 샌드위치...

2 나는 세상의 왕이다!

타이타닉 잭 도슨   **Hint** the king

★100　<u>누가 + 상태모습</u>　<u>　어떤　</u>　<u>　어떤　</u>

―――――　――――――　――――――.

장면 배가 전속력으로 달릴 때 갑판 앞에 서서.

3 그의 중지 손가락 끝 부분은 지금 오레곤주 쓰레기 매립지에서 그것의 새로운 집을 즐기고 있습니다.

식코 마이클 무어   **Hint** its, enjoy, home

The top of his middle finger now ―――――――

―――――― ―――――― ―――――― ―――――― an Oregon landfill.

장면 의료 보험제도가 잘 안 되어 있는 미국에서 중지 손가락 붙일 돈(6천만원)이 없어서 결국...

4 당신(들)은 저를 배우는 것으로부터 막을 수 없습니다. // 당신(들)은 저를 공부하는 것으로부터 막을 수 없습니다.

패치 아담스 헌터 패치 아담스   **Hint** keep

―――――― ―――――― ―――――― ―――――― ―――――― ―――――― learning. // ―――――― ―――――― ―――――― ―――――― ―――――― ―――――― studying.

장면 제가 졸업하는 것과 의사가 되는 것을 막을 수는 있겠지만요.

5 너는 너의 첫 초고를 노의 가슴과 함께 써라. // 너는 (그것을) 너의 머리와 함께 다시 써라.

파인딩 포레스터 윌리엄 포레스터   **Hint** draft, rewrite

―――――― ―――――― ―――――― first ―――――― ―――――― ―――――― ―――――― . // ―――――― ―――――― (it) ―――――― ―――――― ―――――― .

장면 자말 월레스에게 처음으로 글 쓰는 법을 가르쳐주면서 한 말.

6 그것은 우리의 잘사는 것, 우리의 2대의 차, 우리의 TV와 당신의 주방에 대한 것이 아니야!

JFK 짐 게리슨 **Hint** well-being

________ ________ ________ ________ ________,

our two cars, our TVs and your kitchen!

장면 그것은 우리의 아이들이 거짓말 구덩이에서 자라는 것에 대한 것이야!

7 당신은 한 번이라도 당신의 목 뒤에 소름 돋는 것들이 있는 걸 느꼈나요?

식스 센스 콜 세어 **Hint** the back

(Did) ________ ever ________ the prickly things

________ ________ ________ ________ your ________?

장면 그건 귀신들이에요. 그들이 화나면 주변이 서늘해지거든요.

8 세상 안의 모든 땅은 당신이 없는 나에겐 아무것도 의미하지 않아요.

파 앤드 어웨이 조셉 도넬리 **Hint** mean

All the land ________ ________ ________ ________ nothing

________ ________ ________ ________.

장면 쉐넌은 조셉이 죽은 줄 알고, 약혼자를 버리고 조셉에게 갔을 때.

9 나는 세상(안)의 모든 질문에 모든 답변이 있는 한 큰 책이 있었으면 해.

블루 라군 에믈린 **Hint** every question

I wish a big book ________ all the answers

________ ________ ________ ________ the world.

장면 둘만 섬에 남겨져서 사춘기를 겪으며 궁금한 것이 많아집니다.

정 답

1 Shrimp is the fruit of the sea.
2 I'm the king of the world!
3 The top of his middle finger now enjoys its new home in an Oregon landfill.
4 You can't keep me from learning.// You can't keep me from studying.
5 You write your first draft with your heart. You rewrite (it) with your head.
6 It's not about our well-being, our two cars, our TVs and your kitchen!
7 You ever feel the prickly things on the back of your neck?
8 All the land in the world means nothing to me without you.
9 I wish a big book with all the answers to every question in the world.

8 나는 널 시험하는 중이었어.

제목	평점	제작진	추천 영화	난이도
스쿨 오브 락	네이버: 9.21	리처드 링클레이터 감독	쿵푸 팬더	★★★
장르	IMDB: 7.1	잭 블랙		**장면 위치**
가족, 코미디				1:05:39

기타리스트 듀이는 밴드의 리더입니다. 임시 교사인 친구와 방을 같이 쓰며 월세는 2200달러(약250만원)나 밀려 있습니다. 그의 인생에서 유일한 희망은 락입니다. 한번의 락 공연이 세상을 구할 수 있다고 믿습니다. 하지만 중요한 공연에서 상의를 벗고 다이빙했다가 아무도 받아주지 않아서 기절하고, 자신이 만든 락밴드에서 퇴출당합니다.

돈이 급해 친구에게 온 전화를 중간에서 가로채 학교에 나갑니다. 수업시간 내내 시간만 때우면 된다는 생각으로 아이들에게 끝없는 휴식시간을 제공합니다. 그런데 우연히 음악 시간에 아이들의 숨겨진 재능을 보게 됩니다. 이후, 수업시간에 아이들에게 락음악을 연주시키고 숙제로는 락음악을 듣고 연습해오라고 합니다. 부모님께는 비밀이라고 당부하지만, 이상한 음악을 매일 듣는 아이의 변화를 부모가 모를 리 없습니다.

음악 소리를 듣고 교장 선생님이 찾아옵니다. 듀이는 음악으로 수학을 가르치고 있었다며 둘러댑니다. 즉흥적으로 건전한 느낌의 노래를 만들어서, 수학 문제를 노래로 부르며 아이들 한 명, 한 명에게 문제냅니다. 54 빼기 45를 묻는데, 아이가 9라고 맞게 대답합니다. 정신 없는 듀이는 9가 아니라 8이라고 말하지만 아이가 다시 9라고 말하자, 듀이는 잠시 생각하고 말합니다: I was testing you.

test	시험(하다)	hour	한 시간
cripple	불구로 만들다	half	절반
myself	나 스스로(를)	through	~을 통해
change	바꾸다	together	함께
talk	말하다	travel	여행(하다)
have	가지다, 먹다	living	살아있는
alive	살아있는	playwright	연극 작가
use	사용하다		
shut	닫다		

문법 Ving: ~하는 중인

I was testing you.

나는 상태모습이었다 시험하는 중인 너를.

'누가-한다-무엇을' 구조에서 '한다'와 '누가-상태모습이다-어떤' 구조에서 '상태모습이다'를 본동사라고 합니다. 본동사는 한 문장에 꼭 한 개만 있어야 하며, 2개는 있을 수 없습니다. 2개를 쓰려면 두 번째 동사 부터는 동사 앞에 to를 붙이거나, 동사 뒤에 ed나 ing를 붙여야 합니다.

위 예문에서 was라는 본동사가 있는데 test(동사)를 또 쓰기 위해서 ing를 붙인 것입니다. ing를 붙이면 형용사인 경우 '~하는 중인(testing: 시험하는 중인)'을 의미하고, 명사인 경우 '~하는 것(testing: 시험하는 것)'을 의미합니다. 8단원에서는 형용사인 경우(~하는 중인)만 나옵니다. 이것을 현재 분사라고 말하는데, 분사는 다른 말로 '형용사'를 의미합니다.(형용사란 '어떤 사람', '어떤 물건'에서 '어떤'을 가리킵니다. '시험하는 중인 사람'에서 '시험하는 중인'을 가리킵니다.) 동명사(~하는 것)는 19단원에 나옵니다.

아래 예문은 형용사를 쓸 수 있는 세 곳의 위치입니다.

비동사 뒤: I am happy. ⇒ I am testing.

한정사와 명사 사이: I found a happy man. ⇒ I found a testing man.

명사 뒤: I found a man happy ⇒ I found a man testing.

위의 예문처럼 꼭 비(be)동사 뒤에만 Ving를 쓰는 것은 아닙니다.

-ing를 동사 뒤에 붙일 때, 동사가 e로 끝나면 e를 빼고 붙입니다.

I was changeing you. X ⇒ I was changing you. O

1 ◀ 당신은 그들을 불구로 만드는 중이다.
리멤버 타이탄 허만 분 코치   **Hint** cripple

<u>누가 + 상태모습</u>　　<u>어떤</u>　 them.

장면 다른 백인 코치가 "예민한 아이들이라 야단치는 것은 위험하다"고 하자.

2 ◀ 나는 내 자신을 즐기는 중이야. // (물어봐 줘서) 고마워.
미져리 버스터   **Hint** myself

<u>누가 + 상태모습</u>　<u>어떤</u>　<u>　　　</u> . // Thank you.

장면 보안관이 작가를 찾으러 숲으로 들어갔다가 눈에 빠지자 부인이 "도와줄까요?" 라고 묻습니다.

3 ◀ 그가 나(의 것들)를 바꾸는 중이야.
블라인드 사이드 리 앤 투오이   **Hint** mine

<u>누가 + 상태모습</u>　<u>　　　</u>　<u>　　　</u> .

장면 상류층 부인들의 모임에서, 친구들이 그 아이의 인생을 바꿨다고 하자.

4 ◀ 너는 나한테 말하는 중이야?
택시 드라이버 트래비스 버클   **Hint** to

★ (Are) <u>　누가　</u> <u>　어떤　</u> <u>　　　</u> <u>　　　</u> ?

장면 세상을 바꾸고 싶은 택시 운전사가 거울의 자신에게 빠져 혼잣말로.

5 ◀ 나는 저녁을 위해 옛 친구를 먹(는 중이야)을 거야.
양들의 침묵 한니발 렉터   **Hint** have

<u>　　　</u> <u>　　　</u> <u>　　　</u> <u>　　　</u> <u>　　　</u>

<u>　　　</u> <u>　　　</u> .

장면 여형사가 어디 있는지 알고, 언젠간 여형사를 먹을 수 있다는 것을 암시합니다.

6 죽든 살든, 너는 나와 함께 오는 중이다.

로보캅 로보캅

Dead or alive, _누가 + 상태모습_ ___어떤___ ________ ________ .

장면 무기를 버리라고 하면서 사람이었을 때와 똑같은 말을 하자 로보캅이 누군지 알아차립니다.

7 내가 너를 사용(이용) 하는 중이야? // (엉.) // 닥쳐! //
그는 반 시간(30분) 전의 질문에 대답하는 중이에요!

레인 맨 찰리 배빗 **Hint** answer, from

________ ________ ________ ________ ? // (Yeah.) // Shut up! //

________ ________ ________ ________ ________ a half-hour ago.

장면 수잔나가 찰리에게 자폐증 환자인 형과 자신을 이용한다고 말하자.

8 우리 삶의 매일 우리는 모두 함께 시간을 통해 여행하는 중이다.

어바웃 타임 팀 **Hint** through

________ all ________ ________ ________ together

every day ________ ________ ________ .

장면 (시간의 의미를 깨달으며) 우리가 할 수 있는 유일한 일은 이 멋진 여행을 즐기는 것이다.

9 당신은 영국의 가장 위대한 살아있는 연극 작가와 함께 사는 중이다.

어바웃 타임 해리 **Hint** playwright, living

________ ________ ________

Britain's ________ ________ ________ .

장면 누구 때문에 상황이 이렇게 된 지도 모르고.

정 답

1 You're crippling them.
2 I'm enjoying myself! // Thank you.
3 He's changing mine.
4 (Are) you talking to me?
5 I'm having an old friend
for dinner.

6 Dead or alive, you're coming with me.
7 Am I using you? // (Yeah.) // Shut up!
He's answering a question from a half-hour
ago!
8 We're all travelling through time together
every day of our lives.
9 You're living with
Britain's greatest living playwright.

9 폭탄은 폭발하도록 만들어지지.

제목	평점	제작진	추천 영화	난이도
스피드	네이버: 9.03	쟝 드봉 감독	다이 하드	★★★
장르	IMDB: 7.2	키아누 리브스	테이큰	**장면 위치**
액션, 스릴러		데니스 호퍼		1:38:55
		산드라 블록		

폭발물 전문가인 악당은 2년을 공들여 엘리베이터에 폭탄을 설치합니다. 폭탄 설치 후 악당은 경찰에게 전화합니다. 1시간 이내에 300만 달러(약 32억)를 주지 않으면 엘리베이터 안의 승객을 모두 죽이겠다고 합니다. 하지만 경찰(키아누 리브스)이 시간 내에 승객을 무사히 구출해내자 악당은 앙심을 품습니다.

악당은 버스에 폭탄을 설치해서 버스의 속도가 80km 이하로 떨어지거나, 승객이 내리면 버스가 폭발하도록 만듭니다. 그리고 경찰에게 전화해 3시간 이내에 370만불(약 40억)을 줄 것을 요구합니다. 동시에 버스 내부의 카메라를 통해 감시합니다.

경찰은 버스의 카메라에 녹화된 내용을 틀어 놓고, 폭탄을 해체합니다. 악당은 그 사실을 모르고 돈을 요구합니다. 경찰은 돈을 주겠다고 말하고, 함정을 만듭니다. 그 사이에 악당은 녹화된 내용인 것을 알고, 함정인 것도 알게 됩니다. 그래서 몰래 돈을 빼내서 도망가다가 경찰과 만납니다. 그때 악당은 재미있는 말을 합니다: A bomb is made to explode. That's its meaning, its purpose. Your life is empty because you spend it trying to stop the bomb from becoming. 경찰이 폭발하도록 만들어진 폭탄을 폭발하지 못하도록 노력하니까 삶이 공허하고 답답하다는 뜻입니다.

explode	폭발하다	bored	지루해진
purpose	목적	finished	끝난, 완성된
empty	빈, 공허한	guy	놈
scared	두려운	call	부르다
behind	뒤에	rabbit	토끼
british	영국	abandon	버리다
empire	왕국	born	낳아진
name	이름 짓다	written	쓰여진
headmaster	교장 선생님	change	바꾸다

문법 과거와 수동(과거분사)의 차이

A bomb is made to explode.
한　　폭탄은　　상태모습이다　만들어진　　　폭발하기 위해

make의 과거형은 made이고, make의 과거분사형도 made입니다. 과거는 '~했다(만들었다)'로 해석하고, 과거분사는 '~되어진(만들어진)'로 해석합니다.

made 뒤에 명사가 있으면 과거이고, 명사가 없으면 과거분사 입니다. 예문에서는 made 뒤에 명사가 나오지 않고 to explode가 나왔기 때문에 과거분사로 쓴 것입니다.

앞에 be가 있어야만 수동을 의미하거나, 뒤에 by가 있어야 수동을 의미하는 것은 아닙니다. '분사'는 형용사를 의미합니다. 아래 예문은 형용사를 쓸 수 있는 위치 세 곳입니다.

　비동사 뒤: A bomb is dangerous. ⇒ A bomb is made.

　한정사와 명사 사이: I found a dangerous bomb. ⇒ I found a made bomb.

　명사 뒤: I found a bomb dangerous. ⇒ I found a bomb made.

물론 Ved가 수동이 아니라 완료로 쓰이기도 합니다.(17단원) 이 경우, 동사 앞에 have가 있어야 하는 게 원칙입니다. have 없이 완료로 쓰는 경우는 아주 드뭅니다. (Ved의 V는 Verb=동사=한다를 말합니다.)

　I have made a bomb. 나는 (과거에 만들어서 현재) 만든 상태다 한 폭탄을.

과거분사는 주로 동사에 'ed'를 붙여 표현하지만, make처럼 형태가 다르게 변하는 경우(made)도 많습니다. miklish.com 자료실에서 정리해 놓은 자료를 받을 수 있습니다.

1 나는 너의 엄마를 뒤에 남기고 떠난다는 것이 두려워.

아버지의 이름으로 조세프 콘론   **Hint** scare

<u>누가+상태모습</u>   <u>어떤</u>   to leave your mother behind.

장면 감옥에서 죽어갈 때, 아들의 위로가 도움이 안 된다며.

2 대영제국은 차(음료) 위에 세워졌어.

록 스탁 앤 투 스모킹 배럴즈 노아   **Hint** the British Empire, build

<u>누가</u>   <u>누가</u>   <u>누가</u>   <u>상태모습</u>   <u>어떤</u>

on cups of tea.

장면 마약을 털러 가기 전에 차 한잔 하는 여유를 부려도 된다며.

3 앨버스 시리우스 포터, 너는 호그와트 교장 두 명의 이름을 따서 이름 지어졌어.

해리 포터와 죽음의 성물 2부 해리 포터   **Hint** name

Albus Severus Potter, <u>누가</u>   <u>상태모습</u>   <u>어떤</u>

after two headmasters of Hogwarts.

장면 해리의 아들은 덤블도어(Albus)와 스네이프(Severus) 교장에서 딴 이름.

4 어차피 나는 저 차에 질렸으니까(괜찮아).

콘 에어 빈스 라킨   **Hint** bore, 과거 시제로

________ ________ ________ with that car anyway.

장면 소방차로 경찰차를 반으로 쪼개지게 부숴 놓고 사과하니까 한 말.

5 난 완성되지 않았어.

가위손 에드워드 시저핸즈   **Hint** finish, 현재 시제로

________ ________ ________ .

장면 펙이 에드워드를 만났을 때, 왜 손이 그렇게 됐냐고 하자.

6 두 젊은이가 비행기라고 불리는 어떤 것을 만들길 원했어요.

콘택트 엘리 애로웨이   **Hint** guy, a thing, call, an airplane

_______ _______ _______ to build

_______ _______ _______ _______.

장면 돈을 지원받으려고 제안했는데 공상 과학이라고 하자 라이트 형제 얘기와 음속 비행기, 달과 화성에 간 이야기를 시작합니다.

7 나는 페퍼라고 이름 지어진 토끼를 가졌어. // 그리고 저 토끼도 나를 버렸지.

클릭 제닌   **Hint** abandon, that

_______ _______ _______ _______ _______ Pepper. //

And _______ _______ _______ _______ , too!

장면 어릴 때 토끼 때문에 자존감에 상처를 입어서 정신적으로 문제가 생겼다고 합니다.

8 당신은 완벽하게 태어났으니까 (이해 못 해요) // 그리고 저는 이렇게 태어났어요.

아이 엠 샘 샘

Because _______ _______ _______ pefect. //

And _______ _______ _______ like this.

장면 딸을 찾기 위한 소송에서 상처 받고 힘들었을 때 변호사에게.

9 마티, 미래는 쓰여지지 않아. // 그것은 바뀔 수 있어.

백 투 더 퓨쳐 3 에멧 브라운 박사   **Hint** the future, written

Marty, _______ _______ _______ _______.

_______ can _______ _______.

장면 마티가 박사에게 현실로 돌아가지 않으면 죽을 수도 있다고 말했을 때.

1 I'm scared to leave your mother behind.
2 The British Empire was built on cups of tea.
3 Albus Severus Potter, you were named after two headmasters of Hogwarts.
4 I was bored with that car anyway.
5 I'm not finished.

6 Two guys wanted to build a thing called an airplane.
7 I had a rabbit named Pepper. // And that rabbit abandoned me, too!
8 Because you were born perfect. // And I was born like this!
9 Marty, the future isn't written. It can be changed.

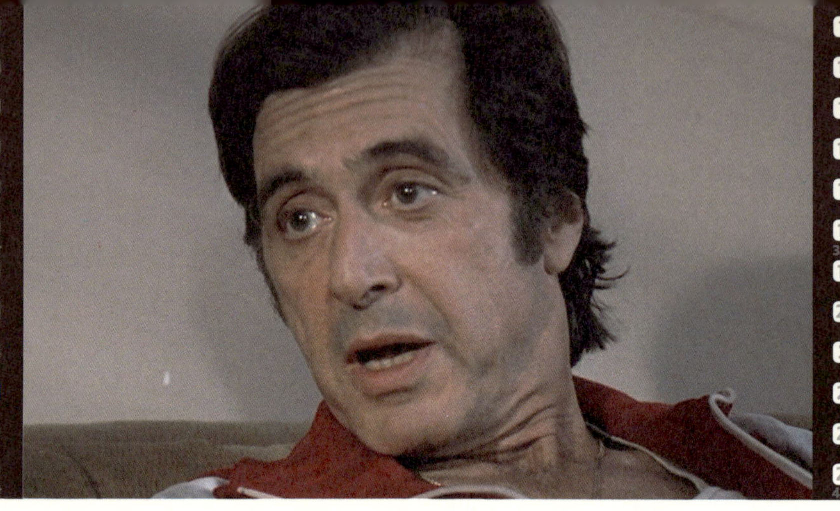

10 예수님도 널 못 건드려 내가 널 대신하니까.

제목	평점	제작진	추천 영화	난이도
도니 브래스코	네이버: 8.98	마이크 뉴웰 감독	칼리토	★★★★
장르	IMDB: 7.8	알 파치노		**장면 위치**
범죄, 드라마		조니 뎁		0:25:20

FBI 형사인 도니(조니 뎁)는 마피아에 몰래 들어가려고 합니다. 하지만 마피아들은 아무나 받아주지 않습니다. 그래서 보석 암거래상으로 위장하고 마피아인 벤자민(알 파치노)에게 접근합니다. 하지만 벤자민의 반지는 가짜 다이아였고, 도니는 벤자민과 함께 그 반지를 판 사람을 찾아갑니다. 도니는 그 사람에게 폭력을 행사하며 반지 대신 차를 갖겠다고 합니다. 이 사건 이후에 벤쟈민은 도니를 믿게 됩니다. 벤자민의 보증으로 도니는 마피아에 들어가게 됩니다. 그리고 벤자민이 말합니다: Jesus Christ couldn't touch you because I represent you.

마피아 집단에 가까워질수록 형사보다는 마피아에 가깝게 변합니다. 가족과도 멀어집니다. 마피아 일을 많이 할수록 잡힐 위기도 많이 겪게 됩니다. 녹음기를 발목의 양말 안에 숨기고 다니는데 일식집에 가서 신발을 벗을 뻔 한다든지, 보트가 필요한데 구할 돈이 없자 FBI가 쓰는 보트를 빌리기도 합니다. 결국엔 마피아 집단도 내부에 스파이가 있다는 것을 알게 됩니다.

실화라는 사실이 놀라울 정도로 마피아 깊숙이 침투해서 일을 수행합니다.

touch	만지다	regain	다시 얻다
represent	대표하다, 대신하다	appreciate	감사하다, 감상하다
simply	단순하게	must	~ 해야 한다
favorite	가장 좋아하는	belief	믿음
absolutely	절대적으로	unique	독특한
jealous	질투하는	though	~하지만
genuine	진짜의	odd	이상한, 홀수의
freak	괴상한 (것)		
last	마지막의, 최근의		

문법 — 조동사처럼 동사에 붙여서 해석하는 접속사

because I represent you.

(~하기 때문에)　　내가 대신하기 때문에　　　　너를

위 예문에서 because는 represent의 뒤에 붙여서 '대신하기 때문에'라고 해석합니다. because와 마찬가지로 모든 접속사는 동사 뒤에 붙여서 해석합니다.

until: '~할 때까지'로 해석하며, until 뒤의 문장을 할 때까지 앞의 문장을 지속해야 합니다.

I touch you until he represents you. 나는 건드린다 너를 그가 대신할 때까지 너를.

when: '~할 때'로 해석하며, 순간를 말합니다.

I touch you when he represents you. 나는 건드린다 너를 그가 대신할 때 너를.

(al)though: '~하지만'으로 해석하며, but(그러나)을 종속접속사로 만든 것입니다.

I touch you though he represents you. 나는 건드린다 너를 그가 대신하지만 너를.

다른 접속사는 <4시간에 끝내는 영화영작: 응용패턴>에 나옵니다.

원문에서는 종속절이 앞으로 나와 있어도 학습을 위해 주절 뒤로 보냈습니다.

원문 Becuase I represent you, Jesus couldn't touch you. X

이 단원 Jesus couldn't touch you becuase I represent you. O

1 내가 슬픔을 느끼는 **중일** 때 단지 **나의 좋아하는 것들을** 기억해내요.

사운드 오브 뮤직 마리아   **Hint** favorite things, remember, feel

I simply ___한다___ ___무엇을___ ___무엇을___ ___무엇을___ .

when ___누가+상태모습___ ___어떤___ sad.

장면 천둥소리가 무서워서 온 아이에게 들려주는 이야기와 노래.

2 그것은 네가 죽을 때까지 절대로 **멈추지 않을 거야.**

터미네이터 1 카일 리즈   **Hint** will, dead

___누가___ absolutely ___한다___ ___한다___ ever

___누가+상태모습___ ___어떤___ .

장면 차 안에서 새라가 도망치려고 하자.

3 너는 내가 진짜 괴상한 놈이라 **질투하는 거야.**

배트맨 2 오스왈드 코블폿   **Hint** genuine freak, jealous

___누가+상태모습___ ___어떤___

because ___누가+상태모습___ ___어떤___ ___어떤___ ___어떤___ .

장면 너는 마스크를 써야만 괴상한 놈이 될 수 있으니까.

4 내가 그 잘못된 질문들을 물었기 때문에 대답을 **얻지 못했어.**

아메리칸 히스토리 X 로버트 교장 선생님   **Hint** get, ask

___ ___ ___ answers

___ ___ ___ ___ .

장면 옳은 질문은 뭔데요? 예를 들면, 내가 한 행동들이 내 삶을 좋게 만들었나?

5 저는 새 책을 샀을 때 항상 **마지막 페이지를** 먼저 **읽어요.**

해리가 샐리를 만났을 때 해리   **Hint** page, new

___ always ___ ___ ___ ___ first

___ ___ ___ ___ .

장면 그러면, 혹시 죽더라도 마지막에 어떻게 되는지 알 테니까. (처음 만났을 때 서로를 소개하며.)

6 천국은 그녀가 그에게 다시 들어갈 때 다시 얻어질 거야.

헤드윅 토미   **Hint** paradise, regain, enter

___________ ___________ ___________ ___________

___________ ___________ ___________ him again.

장면 헤드윅과 키스 후에.

7 그들이 우리를 필요할 때까지는 누구도 정말 우리에게 고마워하지 않아.

가디언 벤 랜달   **Hint** appreciate

Nobody really ___________ ___________

___________ ___________ ___________ ___________ .

장면 군인들이 가는 술집에서 구조원들을 홀대하자.

8 나는 그를 보거나 들을 수 없지만, 느낄 수는 있어요.

체인질링 크리스틴 콜린스   **Hint** could, though, see

___________ ___________ ___________ ___________

___________ ___________ ___________ ___________ ___________ or hear him.

장면 재판이 끝나고 목사님과의 대화 중.

9 너희들은 다른 사람들이 그것들(믿음)을 이상하거나 일반적이지 않다고 생각하더라도, 너희들의 믿음이 독특하다고 믿어야 해.

죽은 시인의 사회 존 키팅   **Hint** belief, others

___________ must trust that ___________ ___________ are unique,

___________ ___________ may ___________ ___________ odd or unpopular.

장면 교정에서 학생들을 군인처럼 발맞춰 걷게 한 뒤.

정답

1 I simply remember my favorite things
   when I'm feeling sad.
2 It absolutely won't stop ever
   until you're dead.
3 You're jealous
   because I'm a genuine freak
4 I didn't get answers
   because I asked the wrong questions.
5 I always read the last page first

when I buy a new book,
6 Paradise will be regained
   when she enters him again.
7 Nobody really appreciates us until they need us.
8 I could feel him
   though I couldn't see him or hear him.
9 You must trust that your beliefs are unique
   though others may think them odd or
   unpopular.

11 저에게, 당신은 완벽해요.

제목	평점	제작진	추천 영화	난이도
러브 액츄얼리	네이버: 9.05	리차드 커티스 감독	이프 온리	★★★
장르	IMDB: 7.7	휴 그랜트	어바웃 타임	장면 위치
로맨스, 드라마, 코미디		키이라 나이틀리		1:37:39
		앤드루 링컨		

 <러브 액츄얼리>는 7가지의 다른 사랑 이야기들을 교차 편집해서 세상에는 다양한 사랑이 있다는 주제를 전합니다. 그중에 가장 유명한 장면은 바로 이 장면입니다.

신랑의 가장 친한 친구인 마크는 신랑의 결혼식에서 영상 촬영을 합니다. 친구의 아내(줄리엣)는 영상이 완성되기 전에 한번 보여달라고 합니다.

줄리엣은 마크와 친해지고 싶습니다. 마크는 말도 안 걸 정도로 그동안 서로 불편한 사이였습니다. 영상을 보려고 찾아간 이유 중 하나는 직접 만나서 더 친해지고 싶었기 때문입니다. 줄리엣은 마크에게 더 친해지고 싶다고 솔직하게 이야기합니다. 그리고 비디오 영상을 틀었는데, 영상엔 신부만 담겨있고 신랑과 주변 사람들은 나오지 않습니다. 줄리엣은 이상하다고 느낍니다.

자신의 사랑을 주체 못 한 마크는 크리스마스 저녁에 그녀를 찾아갑니다. 말로 직접 전하면 들키니까, 캐럴(고요한밤 거룩한밤)을 틀어놓고 미리 적어온 플래카드를 한 장 한장 넘깁니다: '내년에는 이 여자 중 한 명과 크리스마스를 보낼 거예요', '(모델들 사진)', '하지만 지금은 이렇게 말하고 싶어요', '소망이나 흑심 없이, 단지 크리스마스니까, 크리스마스에는 진실을 말하니까', 'To me, you're perfect.'

58

어휘

suffering	고통	moment	순간
lord	주(인)님	meaning	의미
nothing	아무 것도 아닌 것	corner	모서리
lost	잃었다(lose의 과거)	ale	술
respect	존경하다	journey	여행
key	열쇠, 핵심	towards	~를 향해
heart	마음, 심장	complete	완벽한, 완성하다
unexpected	기대되지 않은	marry	결혼하다
gift	선물	quit	그만두다

문법 콤마(,) 한 개와 콤마 두 개

To me, you're perfect.
저에게,　　　　　당신은 상태모습이다　완벽한.

한국어에서 항상 주어부터 이야기하지는 않듯이, 영어에서도 그렇게 말할 수 있습니다.
위 예문에서 to me의 원래 위치는 perfect 뒤입니다.

You're perfect to me.

하지만 to me를 먼저 말하려고 you 앞으로 가져온 것입니다. 하지만 'to me you'를 쉬지 않고 이어서 말하면 문장의 시작(주어, you)을 알 수 없어서 의미 전달이 어렵습니다.
you 앞의 콤마에서 잠깐 쉬어서 to me가 원래 문장의 뒤에 있었다는 것을 알려줍니다.
이처럼 콤마가 하나 찍혀있으면, 콤마 앞의 내용은 주로 '전치사+명사'나 '접속사+문장(종속절)'이며, 뒤에 있던 내용이 문장(주절) 앞으로 나온 것입니다.

When I saw you, you were perfect. 내가 봤을 때 너를, 너는 상태모습이었다 완벽한

이 문장에서 When~you는 원래 perfect 뒤에 있는 문장인데, 앞으로 나온 것입니다.

콤마가 두 개가 찍혀있으면, 두 콤마 사이에 내용이 삽입된 것입니다.

You're, to me, perfect. 너는 상태모습이다, 나에게, 완벽한.

이 문장에서 to me는 문장 중간에 삽입 된 것입니다.
마찬가지로 문장도 삽입할 수 있습니다.

A man, who is perfect, like me. 한 남자, 그는 완벽하다, 좋아한다 나를.

콤마가 한 개든 두 개든, 콤마를 찍는 것이 원칙이지만 생략하는 경우도 많습니다.

1 너(를 알기) 전에, 나는 고통에 대해 아무것도 몰랐어.
연인 중국인 남자   **Hint** nothing

__________ you, __누가__ __한다__ __무엇을__
__________ suffering.

장면 가족의 반대로 외국인 연인과 헤어지고.

2 신께서 한 문을 닫을 때, 어딘가에 그는 한 창문을 여시지.
사운드 오브 뮤직 마리아   **Hint** open, close

__________ the lord __한다__ __무엇을__ __무엇을__ ,
somewhere he __한다__ __무엇을__ __무엇을__ .

장면 수녀원을 떠났을 때와 조지가 파혼했다고 말했을 때 같은 말을 합니다.

3 나 없이, 너는 아무것도 아니야. // 너 없이, 나는 아무것도 아니야.
K-19 위도우메이커 알렉세이 보스트리코브   **Hint** nothing

__________ __________ , __누가+상태모습__ __________ .
__________ __________ , __누가+상태모습__ __________ .

장면 승선 전 모든 대원 앞의 연설에서.

4 나는 나의 직위를 잃었어, Yuri, 하지만 나의 자존심은 아니야.
K-19 위도우메이커 미하일 폴레닌   **Hint** position, Yuri, self-respect

__________ __________ __________ __________ , __________ ,
but not __________ __________ .

장면 너는 둘 다 잃었지.

5 여자의 마음을 얻는 핵심은,
기대하지 않은 때의 기대하지 않은 선물이야.
파인딩 포레스터 윌리엄 포레스터   **Hint** heart, unexpected

The key, to a __________ __________ , __상태모습__
__________ __________ gift at __________ __________ __________ .

장면 연애에 관해 조언해주자 자말은 바로 실행에 옮깁니다.

 ## 사랑의 순간은, 심지어 나쁜 사람이라도, 그의 삶에 의미를 줄 수 있지

블러드 다이아몬드 벤자민   **Hint** moment, meaning

________ ________ ________ ________, even in a bad man,

________ ________ ________ to a life.

장면 사람의 본성이 선하다고 믿으셨다가 결국 참변을 당하신...

 ## 꿈들은, 이 세상의 가난한 귀퉁이에서는, 한잔의 술로 끝나지.

파 앤드 어웨이 조셉의 아버지   **Hint** end up, glass

________, in this poor corner of the world

________ ________ ________ ________ of ale.

장면 아버지께서 죽기 전에 유언으로.

 ## 너의 여행은, (어두운 면을 향한), 완성될 것이야.

스타워즈 6 - 제다이의 귀환 다스 시디어스   **Hint** journey, towards

________ ________, ________ ________ ________

________, ________ ________ ________ .

장면 너의 증오와 함께 나를 죽인다면.

 ## 그 남자는, (내가 결혼한), 그의 삶에서 절대 하루도 포기하지 않았죠.

맨 오브 오너 조   **Hint** quit, marry, anything, a day

________ ________, that ________ ________, never

________ ________ ________ ________ his life.

장면 한 다리를 잃고도 130kg의 잠수복을 입고 12걸음을 걷고난 뒤.

1 Before you, I knew nothing about suffering.
2 When the Lord closes a door,
  somewhere he opens a window.
3 Without me, you're nothing. //
  Without you, I'm nothing.
4 I lost my position, Yuri,
  but not my self-respect.
5 The key, to a woman's heart, is
  an unexpected gift at an unexpected time.

6 A moment of love, even in a bad man,
  can give meaning to a life.
7 Dreams, in this poor corner of the world...
  end up in a glass of ale.
8 Your journey, towards the dark side,
  will be complete.
9 The man, that I married, never
  quit anything a day in his life.

12 너는 단지 특별하다고 믿으면 돼.

제목	평점	제작진	추천 영화	난이도
쿵푸 팬더	네이버: 9.01	마크 오스본 감독	쿵푸 팬더 2	★★★
장르	IMDB: 7.6	존 스티븐슨 감독		**장면 위치**
애니메이션, 액션,		잭 블랙		1:09:24
코미디		더스틴 호프만		

뚱뚱하고, 먹보에, 체력도 저질인 포는 쿵푸에 빠져있습니다. 하지만 그는 국숫집의 가업을 이어야 합니다. 우연히 드래곤 워리어를 뽑는 쿵푸 대회에 갔다가 포는 대사부(우그웨이)에 의해 드래곤 워리어로 뽑힙니다. 하지만 사부(시푸)는 인정하지 않습니다.

드래곤 워리어가 되면 비밀 무술이 담겨있는 두루마리(드래곤 스크롤)를 받게 됩니다. 그런데 악당(타이렁)이 드래곤 스크롤을 뺏으러 오는 것을 막기 위해 사부는 할 수 없이 포를 훈련시킵니다. 포는 죽을 고생을 하며 훈련합니다. 마침내 드래곤 스크롤을 받지만, 그 안에는 아무것도 쓰여 있지 않습니다. 그 스크롤의 비밀을 국수 요리사인 아빠가 풀어 줍니다: To make something special, you just believe it's special.

모든 사람은 특별합니다. 세상에 하나뿐인 존재입니다. 돈으로 살 수 없습니다. 물론 시간을 돈으로 살 수 있지만, 진심을 돈으로 살 수는 없습니다. 대부분의 사람이 자신이 얼마나 특별한지 모르고 사는 경우가 많습니다. 과거에 특별하다고 믿었어도, 실패를 경험하고, 사회로부터 상처받으면서 잊게 됩니다. 하지만 자신이 특별하다고 믿는 순간 정말 특별해집니다. 자신이 변하면 자신의 주변 세상도 변합니다.

새롭고 특별한 이야기 쿵푸 팬더 3가 2015년에 개봉할 예정입니다.

just	단지	deserve	~을 받을만 하다
special	특별한	mean	의미하다
believe	믿다	mention	언급하다, 말하다
broke	부수다(break)의 과거	only	오직
there	저기(에)		
future	미래		
unthinkable	생각할 수 없는		
emperor	황제		
lonely	외로운		

문법 '누가-한다-무엇을'에서 '무엇을' 대신 that

You just believe it's special.

너는　　　단지　　　믿는다 (that=한 문장을) 그것이 상태모습이라고 특별한.

'누가(you)-한다(believe)-무엇을'에서 '무엇을'을 문장으로 쓰고 싶을 때, '무엇을' 대신 that을 쓰고, that 뒤에 말하고 싶은 문장을 쓰면 됩니다.

You believe that it's special. 너는 믿는다 한 문장(=that 뒤의 문장)을 그것이 특별하다고.

이 경우(명사 대신 쓰는 that+문장)의 that은 생략할 수 있습니다. 왜냐하면 that을 생략해도 that 뒤는 '누가-한다(혹은 상태모습이다)'로 시작해서 문장이 시작되는 것을 알 수 있기 때문입니다.

You believe ∅ it's special.

'무엇을(=목적어)' 대신 that을 자주 쓰는 동사로 know, think, believe, say, tell ,mean, wish가 있습니다.

I know (that) it's special. 나는 안다 (한 문장을) 그것이 특별하다고.

I think (that) it's special. 나는 생각한다 (한 문장을) 그것이 특별하다고.

명사절로 쓰인 that(≒'무엇을' 대신에 쓴 that)은 생략하는게 일반적이므로, 이 책에서는 that을 생략하고 있습니다.

I believe that it's special. ⇒ I believe ∅ it's special.

1 난 그게 너였을 줄 알았어, 프레도. // 넌 내 마음을 망쳤어.

대부 2 돈 마이클 코르레오네

I know _____누가_____ _____상태모습_____ _____어떤_____, Fredo. //

You broke my heart.

장면 신년축하 파티에서 형에게.

2 당신이 거기에 있는 것을 알았어요.

러브 어페어 테리 맥케이 **Hint** there

_____누가_____ _____한다_____ _____누가_____ _____상태모습_____ _____어떤_____.

장면 그래서 올려다봤어요. 그러니까 제가 못 걷게 된 건 제 잘못이에요.

3 당신은 남자들과 여자들이 친구가 될 수 있다고 믿지 않았어요.

해리가 샐리를 만났을 때 샐리 **Hint** friends

_____누가_____ _____한다_____ _____한다_____ (that)

_____ _____ _____ can _____ _____.

장면 영화 전반에 걸쳐서 계속 반복되는 주제입니다.

4 우리는 함께하는 미래는 생각할 수 없다는 것을 안다.

연인 소녀 **Hint** unthinkable

_____ _____ that

a future together _____ _____.

장면 그래서 일부러 별일 아닌 것처럼 미래에 대해 이야기했다.

5 나는 그 황제가 지구에서 가장 외로운 소년이라고 생각합니다.

마지막 황제 레지날드 존스톤 **Hint** the loneliest

_____ _____

the emperor _____ _____ _____ _____ on earth.

장면 황제의 유지 비용을 생각하면 차라리 장님이 되는 게 나을 것이에요.

6 어쩌면 신께서는 어떤 사람들은 볼 자격이 안 된다고 생각하시나 봐.

여인의 향기 랜디 **Hint** deserve

Maybe _________ _________

_________ _________ _________ _________ to see.

장면 과거엔 쓰레기였고, 지금은 눈먼 쓰레기야...그리고 위의 말을 하다가 죽을 뻔 합니다.

7 난 8살이에요. // 저것은 의미해요, 내가 18살일 때,
당신은 28살일 거에요.

빅 피쉬 소녀 **Hint** mean

I'm 8. _________ _________, _________ _________ _________,

_________ will _________ _________.

장면 하지만 제가 38일 때 당신은 48이에요. 그건 큰 차이가 아니에요. (강에서 만난 소녀와)

8 내가 당신을 사랑한다고 말했던가?

러브 액츄얼리 제이미 **Hint** mention

_________ _________ _________

(that) _________ _________ _________?

장면 일하러 나갔다가 바로 돌아와서.

9 내가 당신에게 우리는 오직 고양이만 먹는다고 말했어요.

그랜 토리노 아니 허 **Hint** tell, only

_________ _________ _________

(that) _________ only _________ _________.

장면 개에게 손을 치우라고 하니.

정답

1 I know it was you, Fredo. //
You broke my heart.

2 I knew you were there.

3 You didn't believe (that)
men and women can be friends.

4 We know that
a future together is unthinkable.

5 I think
the emperor is the loneliest boy on earth.

6 Maybe God thinks
some people don't deserve to see.

7 I'm 8. That means, when I'm 18,
you will be 28.

8 Did I mention
(that) I love you?

9 I told you
(that) we only eat cats.

13 신은 나 같은 사람에겐 귀 기울이지 않으니까.

제목	평점	제작진	추천 영화	난이도
레이	네이버: 9.04	테일러 핵포드 감독	피아니스트의 전설	★★★★
장르	IMDB: 7.8	제이미 폭스	여인의 향기	**장면 위치**
드라마				2:16:01

흑인인 레이는 7살 때 녹내장으로 눈이 멀게 됩니다. 유일하게 할 줄 아는 것은 피아노여서 술집에서 피아노를 치며 살아갑니다. 하지만 맹인이란 점을 이용해 주위에서 사기를 치려고 하는 경우가 많았습니다. 그래서인지 사람을 점점 못 믿게 되고, 여러 여자와 마약에 빠지게 됩니다.

주변 사람들에 대한 불신이 커져서 자신의 밴드를 시작합니다. 그 밴드에서, 그의 초창기 음악은 냇 킹 콜이나 찰스 브라운의 음악과 비슷했습니다. 하지만 애틀란틱 레코드에서 작업하며 자신의 색깔을 찾아갔고, 발매하는 음반마다 크게 성공합니다. 블루스를 기본으로 한 가스펠이나 컨트리 음악도 합니다.

그리고 목사님의 딸인 델라 로빈슨과 결혼합니다. 하지만 결혼 후에도 주변 여자들과 마약은 정리하지 못 합니다. 경찰서에도 잡혀갑니다. 결국, 아내에게 마약을 들키고 말다툼합니다. 그때 아내가 자신을 이해 못 한다며 이렇게 이야기합니다: Every day, you stand and pray just for a little light and you get nothing 'cause God doesn't listen to people like me. 매일, 서서 약간의 빛이라도 달라고 기도하지만 아무것도 받지 못하지. 신은 나같은 사람한테는 귀기울이지 않으니까.

어휘

family	가족	another	또 다른 (것)
best	good, well의 최상급	certainty	확실함
exist	존재하다	once	한번
only	오직	lifetime	일생
memory	기억	rarely	드물게
shadow	그림자	agree	동의하다
betray	배신하다	fought	싸우다(fight)의 과거
belong to	~에 속하다	a little	조금(은)
begin	시작하다	come out	나오다

문법 자동사와 타동사

'cause god doesn't listen to people like me.

신은　　　　　귀 기울이지 않기 때문이다　　　　사람들에게　　　　　나 같은.

listen은 자동사입니다. 자동사란 동사 앞에 '무엇을'을 넣어서 말했을 때 어색한 동사를 말합니다. listen의 뜻은 '귀 기울이다'인데 '무엇을 귀 기울이다'하면 어색합니다. '무엇에 귀 기울이다'라고 해야 자연스럽습니다. 그래서 누가(god)-한다(listen)까지만 쓰고 이후에는 전치사(to)를 붙여서 씁니다.

마찬가지로 go는 '가다'인데 '~을 가다'는 어색합니다. '~로 가다'라고 해야 자연스럽습니다. 그래서 주로 to가 붙습니다.

> I go to you. 나는 간다 너에게.

sleep은 '잠자다'인데 '~을 잠자다'는 어색합니다.

> I sleep in a bed. 나는 잔다 침대 속에서.

run은 '달리다'인데 '~을 달리다'는 어색합니다.

> I run in the dark. 나는 달린다 어둠 속에서.

그리고 위의 'cause는 because에서 be가 생략됐다는 것을 말합니다. 영어의 작은따옴표(정확히는 apostrophe)는 철자가 생략된 것을 말합니다. 제가 즐겨 이용하는 맥도날드의 표어 I'm lovin' it.에서 lovin'은 loving에서 g를 줄였다는 뜻입니다.

1 가족이 먼저 와야해.
클릭 마이클 뉴먼 **Hint** come

___누가___ ___한다___ first.

장면 죽기 전에 아들에게.

2 엄마가 가장 잘 알아.
라푼젤 고델 **Hint** best

___누가___ ___한다___ ___________.

장면 그러니까 위험하게 탑 밖으로 나가지 말고 가만히 있거라!

3 그는 지금 오직 제 기억 속에서만 존재해요.
타이타닉 늙은 로즈 도슨 **Hint** exist

___________ ___________ now only ___________ ___________ ___________.

장면 모든 이야기를 끝내고.

4 그는 절대 먹지 않을 거야, 그는 절대 자지 않을 거야,
그리고 그는 절대 멈추지 않을 거야.
미이라 아데스 베이 **Hint** will, never

___________ ___________ ___________ ___________, ___________ ___________
___________ ___________, and ___________ ___________ ___________ ___________.

장면 죽기 싫으면 떠나라고 했잖아요.

5 어둠들은 너를 배신하지 그들은 나한테 속해 있으니까!
다크 나이트 라이즈 베인 **Hint** shadow, betray, because, belong

___________ ___________ ___________ ___________

___________ ___________ ___________ ___________ ___________!

장면 배트맨이 베인과 싸울 때. 싸운다기보다 배트맨이 일방적으로 맞습니다.

6 어떤 방식으로, 그녀의 삶은 시작해요,
그러나 다른 방식으로, 그것(삶)은 멈추지요.

매디슨 카운티의 다리 프란체스카 존슨 **Hint** begin, another

In one way, ________ ________ ________,

but ________ ________ ________, ________ ________ ________.

장면 결혼한 뒤의 여자 인생을 말하며.

7 이런 종류의 확실함은 일생에 단 한 번만 와요.

매디슨 카운티의 다리 로버트 킨케이드 **Hint** certainty, life time

________ ________ ________ ________

________ just once ________ ________ ________.

장면 사진 작가인 로버트가 바람둥이는 아닌지 걱정하는 존슨에게.

8 그들은 어떤 것에든 드물게 동의했어. // 그들은 항상 싸웠지.

노트북 노아 **Hint** agree, anything, all the time

________ rarely ________ ________ ________. //

________ ________ ________ ________ ________.

장면 그들에게 중요한 공통점이 하나 있는데, 그것은 서로 미치도록 사랑한다는 점이야.

9 글쎄, 너는 조금 울어. // 그런 다음 너는 태양이 나오기를 기다려.

사운드 오브 뮤직 마리아 **Hint** a little

Well, ________ ________ ________ ________. // Then,

________ ________ ________ ________ to come out.

장면 '그를 사랑하지 않게 되거나, 그가 나를 사랑하지 않게 됐을 때는 어떻게 해야 할까요?'라고 묻자.

정답

1 Family comes first.

2 Mother knows best.

3 He exists now only in my memory.

4 He will never eat, he will never sleep, and he will never stop.

5 Shadows betray you because they belong to me!

6 In one way, her life begins, but in another way, it stops.

7 This kind of certainty comes just once in a lifetime.

8 They rarely agreed on anything. // They fought all the time.

9 Well, you cry a little. // Then, you wait for the sun to come out.

14 개성을 위한 값(을 매길 수)은 없습니다.

제목	평점	제작진	추천 영화	난이도
바이센테니얼 맨	네이버: 9.26	크리스 콜럼버스 감독	에이 아이	★★★
장르	IMDB: 6.7		가위손	장면 위치
SF, 드라마				0:26:40

미래에 가정부 로봇은 흔합니다. 아빠(리처드)는 집에 가정부 로봇을 사옵니다. 딸이 장난삼아 로봇에게 건물 밖으로 뛰어내리라고 했는데, 진짜 뛰어내립니다. 일부가 고장났지만, 그 탓인지 로봇에게 창의성이 생깁니다. 리처드가 로봇을 만든 회사에 데려 갔을 때 회사에서는 로봇을 고쳐주겠다고 합니다. 하지만 거절합니다. 창의성이 생긴 것을 위험한 게 아니라 좋게 생각했기 때문입니다. 그리고 말합니다: There's no price for individuality.

창의성이 생긴 로봇은 자지도 않고, 쉬지도 않고 일하기 때문에 천문학적인 돈을 법니다. 문제는 로봇의 지식이 늘어나면 늘어날수록 점점 사람에 가까워집니다. 사람에 가까워질수록 더 사람처럼 되고 싶어 합니다. 주인으로부터 자유를 얻고 싶어 하고, 자신처럼 창의력이 있는 로봇을 찾기 위해 세계를 여행합니다. 그리고 자신의 신체와 모습을 사람과 같은 구조의 인공 장기로 바꿉니다. 끝내는 인간과 사랑에 빠집니다. 과연 로봇은 어디까지 사람이 될 수 있을까요? 사람과 로봇을 나누는 명확한 기준은 무엇일까요?

price	가격	billion	10억
individuality	개성	million	백만
place	장소	galaxy	은하계
mine	광산, 나의 것	Soviet	소련
London	런던	rich	부자(인)
snake	뱀	poor	가난(한)
boots	부츠	stay	머물다
try	시도(하다)	follow	따라가다
accident	사고, 우연		

문법 **there is/ there are**

There's no price for individuality.

가격이 없습니다   개성을 위한.

there is는 '~이 있다'고 이야기를 시작할 때 쓰는 관용구입니다. 뒤의 명사가 한 개 거나 셀 수 없는 명사면 there is를 쓰고, 여러 개인 경우에는 there are를 씁니다.

There is prices. X price를 복수로 썼기 때문에 is는 쓸 수 없음.

⇒ There is a price. O

There are waters. X

⇒ There is water. O water는 셀 수 없음

There are price. X price는 셀 수 있기도 하고 없기도 하지만, 복수로 쓰지는 않음.

⇒ There are prices. O

there is / there are는 도치(=주어와 조동사가 순서가 바뀐)된 문장입니다. 도치에 대한 자세한 설명은 <4시간에 끝내는 영화영작: 완성패턴>에 나옵니다.

이 단원에서 there is와 there are는 줄여 씁니다.

There is a price. ⇒ There's a price.

There are prices. ⇒ There're prices.

1 집(보다 더 좋은) 같은 곳은 없다.

토이 스토리 1 우디   **Hint** no place

어떤+상태모습 ______ 누가 ______ 누가 ______ ______ ______ .

장면 장난감을 함부로 다루는 아이의 집에서 도망가며

2 글쎄, 런던에는 광산들이 없으니까.

빌리 엘리어트 재키 엘리어트   **Hint** no mine, London

Well, 어떤+상태모습 ______ 누가 ______ 누가 ______ ______ ______ .

장면 그래서 가본 적이 없어. 일 때문이 아니면 이 마을을 나간 적이 없으니까.

3 내 부츠에 뱀이 들어있다!

토이 스토리 1 우디   **Hint** snake

______ ______ ______

______ ______ boots!

장면 우디 등의 끈을 잡아 당기면 나는 소리 중 하나입니다.

4 하거나 하지마라. // (한번) 해보겠다는 것은 없다.

스타워즈 5 - 제국의 역습 요다   **Hint** no, try

Do or Do not. // ______ ______ ______ .

장면 한 번 해보고 성공하는 것은 불가능해. 그게 네가 실패하는 이유야.

5 우연은 없어.

쿵푸 팬더 1 대사부   **Hint** accidents, no

______ ______ ______ .

장면 드래곤 워리어로 타이그리스를 지목하려는데, 포가 우연히 끼어들게 되었다고 하자.

6 저 밖의 우리 은하계에만 4000억 개의 별이 있어요.
콘택트 엘리 애로웨이 **Hint** four hundred billion, galaxy

＿＿＿＿ ＿＿＿ ＿＿＿ ＿＿＿ ＿＿＿ ＿＿＿

out there just ＿＿＿ ＿＿＿ ＿＿＿ alone.

장면 지구 외에 아무 생명체가 없다면 엄청난 공간의 낭비에요. 다큐멘터리 <코스모스>로 유명한 천문학자 칼 세이건의 명언이기도 합니다.

7 이 세상에, 심지어 Soviet에도, 항상 부와 가난이 있을 것이다.
에너미 앳 더 게이트 다닐로프 **Hint** will

＿＿＿＿ ＿＿＿ ＿＿＿ , even a Soviet one, ＿＿＿

＿＿＿ ＿＿＿ ＿＿＿ ＿＿＿ ＿＿＿ ＿＿＿ .

장면 자신의 죽음으로 적의 위치를 가르쳐주기 전에

8 내가 집에 가야 할 백만 개의 이유가 있어. //
하지만 내가 머물러야 할 이유는 오직 한 개 뿐이야.
빅 조쉬 **Hint** million

＿＿＿＿ ＿＿＿ ＿＿＿ ＿＿＿ for me to go home,

but ＿＿＿ ＿＿＿ ＿＿＿ ＿＿＿ for me to ＿＿＿ .

장면 수잔을 떠나며.

9 내 생각에는 나를 따라오는 중인 한 남자가 있어요.
터미네이터 1 새라 코너 **Hint** follow

＿＿＿＿ ＿＿＿ ＿＿＿ a guy ＿＿＿ ＿＿＿ .

장면 나이트에서 경찰에게 전화해서.

1 There's no place like home.
2 Well, there're no mines in London.
3 There's a snake in my boots!
4 Do or do not. // There's no try.
5 There're no accidents.

6 There're four hundred billion stars
   out there just in our galaxy alone.
7 In this world, even a Soviet one, there
   will always be rich and poor.
8 There're a million reasons for me to go home,
   but there's only one reason for me to stay.
9 I think there's a guy following me.

15 (나의) 기술들은 나를 악몽으로 만들지.

제목	평점	제작진	추천 영화	난이도
테이큰	네이버: 9.20	피에르 모렐 감독	콘에어	★★★
장르	IMDB: 7.9			**장면 위치**
액션, 범죄, 스릴러, 드라마				0:28:47

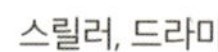 브라이언 밀스는 전직 특수 요원으로 현재는 경호원을 하고 있습니다. 직업상 안 좋은 일을 많이 겪어서인지, 딸을 너무 아껴서인지, 해외여행조차 위험하다고 보내지 않습니다. 하지만 고등학생인 딸은 아빠를 속이고 해외여행을 갑니다. 그리고 정말 납치당하려 하자 (현실이라면 일어나기 힘들었을 것입니다.) 아빠에게 전화합니다. 아빠는 딸보고 침대 밑에 숨으라고 하고, 납치당하기 전까지 통화하며 납치범의 신상정보를 알려달라고 합니다. 납치범에게 전화를 바꿨을 때, 아빠는 말합니다: (My) skills make me a nightmare for people like you.

납치되는 순간에 이상하게도 저는 불안하거나 걱정스럽지 않았습니다. 그 안도감과 편안함은 영화가 끝날 때까지 지속됩니다. 아빠가 아는 사실은 범죄자의 인상착의와 목소리뿐이지만, 노련한 기술과 빠른 상황 판단으로 점점 납치범이 있는 곳과 가까워집니다. 납치범이 상대를 잘못 고른 거죠.

이 영화의 매력은 리암니슨의 캐릭터입니다. 다른 영화의 주인공들은 영웅주의에 빠져있어서 '위험한 순간에도 살인은 절대 안 돼.'라고 생각한다면, 여기의 아버지는 '범죄자들은 당해도 싸.'라는 생각으로 가차 없이 고문하고 살인합니다. 통쾌하죠.

make	만들다	insane	미친
plan	계획	call	부르다
great	멋진, 대단한	imperfection	불완전함
tonight	오늘밤	lent	빌려주다(lend)의 과거
modest	보통의	would	~하려 하다
kept	유지하다(keep)의 과거	find	찾다
alive	살아있는	field	들판, 분야
hope	소망(하다)	right	옳은, 오른쪽, 바로
drive	몰아가다	paint	칠하다, 페인트

문법 3형식을 응용한 4형식과 5형식

Skills make me a nightmare.
기술들은　　만든다　　나를　한　악몽으로.

앞에서 '누가-한다-무엇을' 다음에 명사를 또 쓰려면 전치사를 꼭 붙여야 한다고 설명했지만, 예외도 있습니다. 그것을 5형식, 4형식 문장이라고 하는데요.

위 예문은 5형식입니다. 5형식은 '누가(skills)-한다(make)-무엇이(me)-어떻게(a night mare)'의 구조를 씁니다.

모든 동사가 이 구조가 가능한 것은 아니고, 주로 시키는 의미의 동사(make, find, keep, call 등)만 가능합니다.

> They call me a night mare. 그들은 부른다 나를 한 악몽이라고.

시키는 의미의 동사 중에 특히 많이 쓰는 have, let, make를 사역동사라고 합니다. 이 동사는 뒤의 '어떻게' 부분에 동사를 또 쓸 때 동사 원형만을 씁니다.

> Skills make me to go. X ⇒ Skills make me go. O
>
> Skills make me going. X ⇒ Skills make me go. O

4형식은 '누가-한다-(누구에게)-무엇을'로, 한다와 무엇을 사이에 '누구에게'가 끼어있는 형태입니다. 주로 주는 의미의 동사(tell, give, send, lend, show 등)만 이 구조가 가능합니다.

> They give me a nightmare. 그들은 준다 나에게 한 악몽을.

1 나는 그녀를 먹게 만들 수 없어.

패치 아담스 미치 로만　**Hint** can

____누가____　____한다____　____한다____　____무엇이____　____어떻게____ .

장면 난 약에 대한 모든 것을 알고, 이 병원의 모든 의사들보다 뛰어나. 하지만 나는 그녀를 먹게 만들 수 없어. 하지만 너는 가능하잖아.

2 잭, 그 계획은 우리를 멋지게 만들지 않아.

패밀리 맨 케이트 레이놀즈　**Hint** great

____누가____　____누가____　____한다____　____한다____

____무엇이____　____어떻게____ , Jack.

장면 우리가 함께하는 것이 우리를 멋지게 만들 거야. 비행기에서 헤어질 때.

3 그것은 저에게 오늘 밤 전에는 갖지 못했던 어떤 것을 줬어요.

체인질링 크리스틴 콜린스

__________ __________ __________ __________ I didn't have

before tonight.

장면 그것은 아들을 찾을 수도 있다는 희망이에요.

4 평범한 소망들, 그러나, 그것들이 한 사람을 살아있게 하지.

더 록 존 패트릭 메이슨　**Hint** man, keep, alive

Modest hopes, but, __________ __________

__________ __________ __________ .

장면 붙잡힌 뒤, 감옥에서.

5 소망은 무서운 것이야. // 소망은 한 사람을 미치도록 몰아갈 수 있지.

쇼생크 탈출 엘리스 보이드 레드 레딩　**Hint** dangerous, drive, insane

Hope __________ __________ __________ __________ . //

Hope __________ __________ __________ __________ __________ .

장면 감옥에서 식사 중에 밖의 세계에 대한 소망을 이야기하자.

6 사람들은 이것들을 '불완전함'이라고 불러요.

굿 윌 헌팅 숀 맥과이어 **Hint** imperfection, these

__________ __________ __________ things __________.

장면 그러나 그것은 좋은 것이에요. 불완전한 세계로 서로를 끌어들이니까요. 제 아내는 심지어 자면서 방귀 뀌는 게 단점이지요. 자신의 방귀에 놀라서 깨고는, 나보고 꼈냐고 묻길래 그렇다고 대답했어요. 아내가 죽은 지 2년이 됐지만 생각나는 것은 그런 것들뿐이에요.

7 나는 너에게 오직 내 몸을 빌려줬어. //
너는 나에게 너의 꿈을 빌려줬지.

가타카 제롬 **Hint** lend

__________ only __________ __________ __________ __________. //

__________ __________ __________ __________ __________.

장면 나에게 유리한 계약이었어.

8 내가 너한테 내가 찾을 거라고 말했지.

테이큰 브라이언 밀스 **Hint** will, tell

__________ __________ __________

(that) __________ __________ __________ __________.

장면 딸을 납치한 범인을 찾은 뒤.

9 바로 여기의 이 초록 들판은 빨갛게 칠해졌었다.

리멤버 타이탄 허만 분 코치 **Hint** field

__________ __________ __________ right here

__________ __________ __________.

장면 전쟁터(게티스 버그)였던 곳에서 훈련하며.

정답

1 I can't make her eat.

2 The plan doesn't make us great, Jack.

3 It gives me something I didn't have
before tonight.

4 Modest hopes, but, they kept
a man alive.

5 Hope is a dangerous thing. //
Hope can drive a man insane.

6 People call these things 'imperfections,'

7 I only lent you my body. //
You lent me your dream.

8 I told you
(that) I would find you.

9 This green field right here
was painted red.

16 내게 돈을 보여줘!

제목	평점	제작진	추천 영화	난이도
제리 맥과이어	네이버: 9.14	캐머런 크로우 감독	신데렐라 맨	★★★
장르	IMDB: 7.3	톰 크루즈		**장면 위치**
드라마, 로맨스		르네 젤위거		0:28:46
		쿠바 구딩 쥬니어		

제리 맥과이어는 잘나가는 스포츠 에이전트입니다. 에이전트들은 선수가 재계약을 하거나 광고할 때 수수료를 받습니다. 제리는 혼자서 최고의 스포츠 선수 72명을 관리하면서 하루에 전화만 264번을 받습니다.

제리는 자신의 직업에 회의를 느낍니다. 너무 많은 선수를 관리하다 보니 개개인의 건강과 안전에 신경을 못 쓴다고 생각했습니다. 그래서 개인당 관리하는 선수를 줄이고 돈을 적게 벌어야 된다고 밤새 25페이지에 달하는 제안서를 씁니다. 그리고 110권을 만들어서 회사의 모든 사람에게 나눠줍니다.

다음날 회사에 갔을 때 사람들은 제리에게 박수 쳐줍니다. 그러나 회사에서는 제리를 자릅니다. 제리는 독립하기 위해 자신의 선수들에게 연락을 취하지만 이미 회사에서 손을 쓴 뒤였습니다. 그나마 연락이 닿은 한 선수는 이렇게 말합니다: Show me the money!

영화 중간중간 뜬금없이 제리의 롤 모델 디키 팍스(워런 버핏 닮았습니다.)가 나와서 조언을 해줍니다. 성공학이나 영업 관련 세미나를 들으신 분이라면 공감할만한 이야기인데요. 상황과 절묘하게 맞아 떨어지면서 웃음을 유발합니다.

어휘

eat	먹다	taught	가르치다(teach)의 과거, 과거분사
shit	똥	live	삶, 살다
take off	벗다	extraordinary	특별한
shoes	신발	stinking	냄새나는
shy	부끄러워 하는	paws	(동물의) 발
strength	힘	ape	유인원
die	죽다	memory	기억
well	잘	keep	유지하다
let	허락하다		

문법 동사부터 시작하는 명령문

Show me the money.
보여줘라　　나에게　그　　돈을

시키는 문장을 명령문이라고 합니다. 명령문에서는 누가(you)를 생략하고 동사(show) 부터 시작합니다.

(You) show me the money. (너는) 보여줘라 나에게 그 돈을.

'하지 말라'는 명령문은 Don't나 Never로 시작합니다.

Don't show me the money. 보여주지 마라 나에게 그 돈을

Never show me the money. 절대 보여주지 마라 나에게 그 돈을.

상태나 모습에 대해 명령할 때는 be를 씁니다.

Be quiet. 상태모습이어라 조용한.

Don't be quiet. 상태모습이지마라 조용한.

1 나의 똥을 먹어.

헬프 미니 잭슨 **Hint** shit

_한다_ _무엇을_ _무엇을_ .

장면 똥 넣은 파이를 어머니께 맛보게 하는 것을 말리며.

2 제발, 신발을 벗어주세요.

도니 브래스코 일식집 종업원 **Hint** take off

Please, _한다_ _한다_ _무엇을_ .

장면 일식집에 들어갈 때, 양말에 녹음기를 숨겨놨기 때문에 신발을 벗으면 스파이인 것을 들키게 됩니다.

3 부끄러워 하지마.

다크 나이트 라이즈 캣 우먼 **Hint** shy

______ ______ ______ .

장면 지하철 터널에서 배트맨에게.

4 저에게 잘(명예롭게) 죽을 수 있는 그 힘을 주세요.

브레이브 하트 윌리엄 월레스 **Hint** strength

______ ______ ______ ______ to die well.

장면 사형대에 올라가기 전에.

5 그것을 가게 하자.

겨울왕국 엘사

______ ______ ______ .

장면 자신의 비밀(얼음 마법을 쓰는)이 밝혀질까봐 힘들게 숨어 살던 왕국에서 멀리 떠나서 얼음 성을 지으며 노래합니다.

6 그는 제게 "너의 친구들을 가까이 둬, 하지만 너의 적들은 더 가까이 둬라"라고 가르쳤어요.

대부 2 돈 마이클 코르레오네 **Hint** teach, close, enemy

⭐ **58** _______ _______ _______ , " _______ _______ _______

_______ , but _______ _______ closer ."

장면 당장 쓸어버리자는 아저씨의 말에.

7 카르페 디엠. // 그 날(오늘)을 잡아라, 아이들아. //
너희들의 삶을 특별하게 만들어라.

죽은 시인의 사회 존 키팅 **Hint** extraordinary

⭐ **96** Carpe diem. // Seize the day, boys. //

_______ _______ _______ _______ .

장면 첫 수업에 학교의 죽은 졸업생들 사진 앞에서 귀신 목소리로 말합니다.

8 너의 냄새나는 발을 나에게서 떨어트려. 빌어먹을 더러운 원숭이들아!

혹성탈출 코넬리어스 **Hint** get, stinking paws, ape

⭐ **66** _______ your _______ _______ _______ _______ ,

you damned _______ _______ .

장면 원숭이들한테 동물 취급을 당하는데, 목이 다쳐서 계속 말 못하다가 처음 터트린 말이 욕이었습니다. 모든 원숭이들은 인간이 말을 할 수 없다고 믿었기 때문에 크게 놀랍니다.

9 미에즈윅, 제발 제게 이 기억을 허락하세요.

이터널 선샤인 조엘 **Hint** memory, keep

Mierzwiak, please _______ _______ _______

_______ _______ .

장면 이불 속에서 어린 시절을 이야기하는 클레멘타인과의 추억.

1 Eat my shit.	**6** He taught me, "Keep your friends close, but your enemies closer."
2 Please, take off shoes.	**7** Carpe diem. // Seize the day, boys. // Make your lives extraordinary.
3 Don't be shy.	**8** Get your stinking paws off me, you damned dirty ape
4 Give me the strength to die well.	**9** Mierzwiak, please let me keep this memory.
5 Let it go.	

17 에이미, 어니 봤어요?

제목	평점	제작진	추천 영화	난이도
길버트 그레이프	네이버: 9.07	라세 할스트롬 감독	레인 맨	★★★
장르	IMDB: 7.8	조니 뎁		**장면 위치**
드라마		줄리엣 루이스		0:05:29
		레오나르도 디카프리오		

영화의 첫 장면에 바보가 등장합니다. 모습은 진짜 바보 같지만 디카프리오를 많이 닮았습니다. 혹시나 해서 검색했더니 정말 디카프리오였습니다. 디카프리오가 18살 때 18살인 바보 어니로 이 영화에 나옵니다. 그리고 형 조니뎁은 실제 나이 27살에 27살의 길버트로 나옵니다.

어니는 몰래 숨어서(주로 나무 위에) 형이 자신을 찾게 만듭니다. 그리고 형이 가까이 왔을 때 놀래키는 것을 좋아합니다. 대개 형은 동생을 위해 어디 숨어 있는지 알면서도 모르는 척 다가가서 속아줍니다. 영화 내내 동생은 어딘가 숨어 있거나 사고를 치고, 형은 이렇게 말하며 찾아다닙니다: Amy, have you seen Arnie?

움직이기 힘들 정도로 뚱뚱한 대인기피증 엄마, 말썽 피우는 두 여동생, 바보 동생 때문에 형은 책임감에 눌려 하루하루 살고 있습니다. 이 동네를 떠난다는 것은 꿈도 꿀 수 없습니다. 또한, 작은 슈퍼에서 일하며 유부녀와 불륜 관계에 있습니다. 그런데 그 동네에 놀러 온 비슷한 또래의 아이와 사랑에 빠지면서 상황은 복잡해집니다.

stolen	훔쳐진 (steal의 과거분사)	scream	비명지르다
most	대부분(의)	never	절대 ~가 아니다
miracle	기적	living life	인생
fool	바보	found	찾아진 (find의 과거, 과거분사)
bother	성가시게 하다	joy	기쁨
given	주어진 (give의 과거분사)	brought	가져와진(bring의 과거, 과거분사)
stop	멈추다	others	다른것들, 다른사람들

문법 : 한국어에는 없는 완료시제

Amy, have you seen Arnie?

에이미, 당신은 (과거에 봐서 현재) 본 상태인가요 어니를?

Amy는 Arnie가 누군지 알고 그동안 많이 봐 왔습니다. 하지만 형은 Amy가 Arnie를 과거에 본 적이 있는지 없는지 궁금한 게 아니라, 사라진 Arnie를 과거에 봐서 현재 본 상태인지 궁금한 것입니다.

과거에 있었던 일을 과거에 끝난 일로 말할 때는 과거 시제를 씁니다. 하지만 그 일 자체보다는 그 일을 (경험)한 현재에 더 관심이 있을 때는 완료시제를 씁니다. 어렵게 느껴진다면 과거와 현재가 합쳐졌다고 생각하거나, 일어난 때는 과거, 관심 있는 것은 현재로 생각하셔도 좋습니다.

I have studied English for 10 years. 나는 공부해 왔어요 영어를 10년 동안.

have와 not을 함께 쓸 때는 주로 줄여 쓰므로 이 책에서는 have와 not을 haven't로, 주어(=누가)와 have는 주어've로 줄여 쓰고 있습니다.

I haven't seen Arnie. O // He hasn't seen Arnie. O

I've seen Arnie. O // He's seen Arnie. O

빈도부사(never, always)는 주로 not의 위치나 not 다음에 위치합니다.

I have always seen Arnie. O haven't의 n't 자리에 always(빈도부사)

I haven't always seen Arnie. O not이 들어가는 경우 not 다음에 always(빈도부사)

1 나는 항상 너를 사랑해왔어.

에이 아이 모니카 **Hint** have

____누가____ always ____한다____ ____무엇을____ .

장면 엄마가 죽기 전에 데이빗에게.

2 과학은 우리의 대부분의 기적들을 빼앗았지요.

마이너리티 리포트 대니 워트워 **Hint** most of, steal

____누가____ has ____한다____ ____무엇을____ ____무엇을____ our ____무엇을____ .

장면 과학이 기적을 일으키기 때문에요. 이들은 사람 이상의 존재지요.

3 사실은, 나는 항상 한 바보였어.

빅 피쉬 노년 에드워드 블룸 **Hint** fool

Truth is, __________ __________ __________ __________ __________ .

장면 한 사람이 그의 목적지를 이미 잃었다는 걸 받아들여야 할 때가 있어. 배는 이미 떠났고, 바보들만이 계속하지. 나는 항상 바보였어.

4 그것이 나의 삶에서 나를 가장 신경 쓰이게 했어요.

그랜 토리노 월트 코왈스키 **Hint** bother, most of

__________ __________ __________

__________ __________ __________ __________ .

장면 신부님께 고해성사할 때 자기 아들과 친하게 지내지 못했던 것을 얘기하며.

5 넌 내게 인생의 (참) 맛을 주었어.

레옹 레옹 **Hint** taste

__________ __________ __________ __________ __________ for life.

장면 환풍기 구멍으로 마틸다를 보내며.

6 제가 항상 이렇지는 않았어요.

길버트 그레이프 보니 그레이프, 벡키 **Hint** like

__________ __________ __________ __________ __________ __________ .

장면 아들의 여자친구에게 너무 뚱뚱해서 움직이기도 힘든 자신을 보여줄 때.

7 그 양들은 울음을 멈추었는가?

양들의 침묵 한니발 렉터 **Hint** lamb

__________ __________ __________ __________ screaming?

장면 양은 여형사가 가진 트라우마를 의미합니다.

8 난 절대 당신 같은 어떤 것을 제 일생에서 본 적이 없어요.

파 앤드 어웨이 조셉 도넬리 **Hint** anything

__________ __________ __________ __________

__________ __________ in all my living life.

장면 보스턴에서 같이 살 때 쉐넌이 예쁘냐고 묻자.

9 당신은 당신 삶에서 기쁨을 찾았는가? //
당신의 삶이 다른 사람들에게 기쁨을 주었는가?

버킷 리스트 카터 챔버스 **Hint** joy, bring, others

__________ __________ __________ __________ __________ your life? //

__________ __________ __________ __________ __________ to __________ ?

장면 천국에 가면 천사로부터 위의 두 가지 질문을 받는다고 합니다.

정답

1 I've always loved you.
2 Science has stolen most of our miracles.
3 Truth is, I've always been a fool.
4 It's bothered me
   most of my life.
5 You've given me a taste for life.

6 I haven't always been like this.
   (=I've not always been like this.)
7 Have the lambs stopped screaming?
8 I've never seen anything like you
   in all my living life.
9 Have you found joy in your life? //
   Has your life brought joy to others?

18 저의 부모님을 고소하고 싶어요.

제목	평점	제작진	추천 영화	난이도
마이 시스터즈 키퍼	네이버: 9.04	닉 카사베츠 감독	굿 바이 마이 프렌드	★★★
장르	IMDB: 7.4	아비게일 브레스린	아이 엠 샘	**장면 위치**
드라마		카메론 디아즈		0:07:31
		소피아 바실리바		

'고소'라는 단어랑 전혀 상관없을 것 같은 아이가 법무사에 찾아와서 말합니다: I want to sue my parents for the rights to my own body.

그 아이는 언니의 백혈병을 치료하기 위해 인공 수정으로 태어났습니다. 평소에는 착해서 언니를 구하기 위해서라면 뭐든 할 것 같은데, 그러기 싫다니 뭔가 이상해 보입니다. 더 이상한 건 언니의 목숨을 구하지 않겠다는데 언니와는 친하게 지냅니다.

불행인지 다행인지 엄마는 변호사입니다. 언제 죽을지 모르는 딸(언니) 때문에 안 그래도 힘든데, 동생은 상황을 더 힘들게 합니다.

영화를 보는 중후반까지는 아이가 이상하다고 생각하지만, 엄마한테 문제가 있지 않을까 생각하게 되는 일이 생깁니다. 언니가 죽기 전에 바다를 보고 싶다고 얘기하는데 엄마가 위험하다고 강하게 만류합니다.

십년 넘게 지속된 힘든 상황에서 엄마는 어쩔 수 없는 선택을 했고, 직업의 영향으로 더 이성적이 됐는지도 모르겠습니다. 결국, 재판에서 비밀은 밝혀지고 엄마와 아이는 화해합니다.

forgot	잊었다(forget의 과거, 과거분사)	again	다시
lock	잠그다	almost	거의
door	문	exactly	정확히
build	짓다	same	같은, 같음
snowman	눈사람	wear	입다, 낡다
mommy	엄마	patch	조각, 패치
shut up	(입을) 닫다	arm	팔
survive	생존하다	honor	명예
		leave	남기고 떠나다

문법 **toV는 '~하는 것'**

I want to sue my parents.

나는 원한다　　　고소 하는 것을　나의　　부모님을.

동사 앞에 to를 붙이면 '~하는 것'이 됩니다. sue는 '고소하다'이고, to sue는 '고소하는 것'을 의미합니다. toV는 '무엇을' 자리에 주로 씁니다. 위의 예문에서는 '누가(I)-한다(want)-무엇을(to sue)-무엇을(my parents)'이 됩니다. ('무엇을'이 두개가 나왔다고 해서 4형식이나 5형식으로 생각하면 안됩니다. 4형식에서는 '앞의 무엇을'이 '~에게'로 해석이 되어야 하고, 5형식에서는 '앞의 무엇을'과 '뒤의 무엇을'이 같아야 합니다.) toV가 동사기 때문에 뒤에 무엇을(=목적어, my parents)이 하나 더 옵니다.

모든 동사가 목적어로 toV를 쓰는 것은 아니고, toV를 주로 쓰는 동사들(want, need, tell 등)이 정해져 있습니다:

　I need to sue parents. 나는 필요하다 고소하는 것을 부모님을.

'무엇을'에 사람을 쓰고 다음에 toV가 오면 그 사람이 '~하는 것을'의미합니다.

　I want parents to sue you. 나는 원한다 부모님이 고소하는 것을 너를.

이 경우 무엇이(my parents)-어떻게(to sue) 구조가 오기 때문에 5형식으로 봅니다.

toV는 '무엇을'로 해석하는 경우가 가장 많습니다. toV가 '무엇을'이 아니라 '~하기 위해'를 의미하는 경우는 <4시간에 끝내는 영화영작: 응용패턴>에 나옵니다.

　I want money to sue my parents. 나는 원한다 돈을 고소하기 위해 부모님을.

1 나는 그 문을 잠그는 것을 잊었다

이보다 더 좋을 순 없다 멜빈 유달   **Hint** forget, lock

<u>　누가　</u> <u>　한다　</u> to <u>　무엇을　</u> <u>　무엇을　</u> <u>　무엇을　</u> .

장면 항상 문을 잠가야만 안심이 됐던 멜빈이 자신도 모르는 사이에 그 정도로 변했습니다.

2 나는 그녀가 되고 싶었어!

뱀파이어와의 인터뷰 클로디아

<u>　누가　</u> <u>　한다　</u> <u>　무엇을　</u> <u>　무엇을　</u> her!

장면 그래서 그녀를 죽인 뒤 시체를 인형들 밑에 감춰 놓아서 심하게 썩게 됩니다.

3 한 눈사람 만들기를 원하지?

겨울왕국 안나   **Hint** build, snowman

<u>　　　　　</u> <u>　누가　</u> <u>　한다　</u> <u>　　　　</u> <u>　　　　</u>

<u>　　　　　</u> <u>　　　　</u> ?

장면 더 자고 싶은 엘사랑 같이 놀고 싶어서.

4 나는 엄마가 나를 사랑하기를 원했어요.

에이 아이 데이빗   **Hint** mommy

<u>　　　　　</u> <u>　　　　</u> <u>　　　　</u>

<u>　　　　　</u> <u>　　　　</u> <u>　　　　</u> .

장면 엄마가 자는데 몰래 가위로 머리를 자르니까 아빠가 왜 그랬냐고 화를 냅니다.

5 나는 당신이 조용히 해주길 원해요. 펠롱씨.

레인 오버 미 판사 레인   **Hint** shut up

<u>　　　　　</u> <u>　　　　</u> <u>　　　　</u>

<u>　　　　　</u> <u>　　　　</u> <u>　　　　</u> , Mr. Fallon.

장면 변호사가 판사의 말 중간에 자꾸 끼어들자.

6 나는 생존하고 싶지 않아. //
나는 살고 싶어!

월-e 선장 **Hint** survive

______ ______ ______ ______ ______ . //

______ ______ ______ .

장면 <크루즈 패밀리>, <노예 12년>에서도 같은 말이 나옵니다.

7 그는 나에게 매일을 거의 똑같이 다시 사는 것을 말했다.

어바웃 타임 팀 **Hint** tell

______ ______ ______ ______ ______

every day again almost exactly the same.

장면 행복에 이르는 아버지의 시간 공식. 평범한 삶을 살되 같은 삶을 두 번 살면, 두 번째는 삶의 다른 면이 보인다.

8 너는 명예를 가지기 위해 너의 팔에 있는 조각(계급장)을 입을 필요는 없다.

어 퓨 굿 맨 다니엘 캐피 **Hint** wear

______ ______ ______ ______ ______ a patch

______ ______ ______ to have honor.

장면 재판에서는 이겼지만, 불명예제대를 하게 되자.

9 나는 모든 것을 떠날 수 있어요, 하지만 나는 당신과 트레이시를 떠나기를 원하지 않아요.

식코 줄리 **Hint** can, Tracy

______ ______ ______ ______ , but ______ ______

______ ______ ______ and ______ .

장면 남편이 죽기 전에 한 말을 영상에서 대신 전합니다.

정답

1 I forgot to lock the door.

2 I wanted to be her!

3 Do you want to build
a snowman?

4 I wanted mommy
to love me.

5 I want you
to shut up, Mr. Fallon.

6 I don't want to survive. //
I want to live!

7 He told me to live
every day again almost exactly the same.

8 You don't need to wear a patch
on your arm to have honor.

9 I can leave everything, but I don't
want to leave you and Tracy.

19 당신이 움직이는(걷는) 것을 보는 게 좋아.

제목	평점	제작진	추천 영화	난이도
러브 어페어 (1994)	네이버: 9.00	글렌 고든 카슨 감독	매디슨 카운티의 다리	★★★★
장르	IMDB: 5.8	워렌 비티		**장면 위치**
로맨스, 드라마		아네트 베닝		0:54:47

그림을 그리는 게 취미인 바람둥이 전직 풋볼선수(마이크)는 호주로 가는 비행기를 탑니다. 거기에서 우연히 만난 레이 찰스의 음악을 좋아하는 여인(테리)과 사랑에 빠집니다. 그런데 비행기 엔진에 문제가 생겨 불시착합니다. 어쩔 수 없이 배로 갈아타서 근처의 공항까지 이동하는데, 배에 있는 3일간 데이트하며 가까워집니다. 마이크가 테리에게 이렇게 자주(3번) 말합니다: I like watching you move.

하지만 둘 다 이미 약혼한 상대가 있습니다. 그래서 각자 3개월간 정리 기간을 갖고 엠파이어 스테이트 빌딩에서 만나기로 합니다. 혹시 한 명이 나오지 않더라도 불만을 품지 않기로 약속하고요.

3개월 뒤 마이크는 그녀를 그린 그림을 들고 빌딩에서 기다립니다. 하지만 테리는 서두르다가 빌딩 근처에서 사고를 당해 다리를 잃습니다. 마이크는 엘리베이터를 보며 자정까지 기다립니다. 이후에 둘 다 각자의 약혼 상대와 다시 만납니다.

두 커플은 우연히 레이 찰스의 공연에서 마주칩니다. 그 다음 날, 마이크는 이제는 걸을 수 없게 된 그녀를 찾아갑니다. 그날 나오지 않은 이유를 묻지만, 테리는 말해줄 수 없다고 합니다. 마이크가 떠나려는 순간 그녀의 마음을 알 수 있는 증거를 발견합니다.

move	움직이다, 이사하다	else	그밖의
cheat	속이다	need	요구, 필요(성),
bring	가져오다		필요하다
peace	평화	before	~전에, ~앞에
option	선택 (사항)	pretend	~하는 척하다
honor	명예	even	심지어
daughter	딸	anymore	더 이상
path	길	happen	발생하다
put	놓다	ever	강조하기 위해 씀

문법 ▎ Ving는 '~하는 것'

I like watching you move.
나는 좋아한다 보는것을   당신이   움직이는 것을.

toV와 마찬가지로 Ving를 명사 자리(=누가 위치, 무엇을 위치, 전치사 뒤)에 쓰면 '~하는 것'을 의미합니다(동명사). watch는 '보다'이고, watching은 '보는 것'입니다. 예문에서는 무엇을(=목적어) 자리에 썼기 때문에 '보는 것을'을 의미합니다. 형용사의 위치에서는 '보는 중인'을 의미하지만(현재분사), 이 단원에서는 '~하는 것(을)'만 나옵니다. 명사 자리는 세 군데입니다.

누가(=주어) 자리: Watching is easy. 보는 것은 쉽다.

무엇을(=목적어) 자리: I like watching. 나는 좋아한다 보는 것을.

전치사 뒤에: I am happy with watching you. 나는 행복하다 보는 것과 함께 너를.

누가(=주어)가 사물인 경우 비동사 뒤에도 동명사가 올 수 있습니다.

My hobby is watching you. 나의 취미는 너를 보는 것이다.

분사 구문과 부사로 Ving를 쓰는 경우는 이 책의 다음 권(응용패턴)에 나옵니다.

위 예문에서 move(동사 원형)를 쓰는 이유는 watch가 지각동사이기 때문입니다. 지각동사의 목적어(you) 뒤에 쓰는 동사(move)는 원형(move)이나 Ving(moving)를 씁니다.

I like watching you to move. X

⇒ I like watching you move. O // I like watching you moving. O

1 아빠, 저것은 속임수잖아요.
마틸다 마틸다 **Hint** cheat

Daddy, 누가+상태모습   어떤   .

장면 물론 속임수지. 근데 솔직해서 부자가 된 사람은 없단다.

2 나는 당신을 사랑하는 것을 절대 멈추지 않았어.
패밀리 맨 잭 캠벨 **Hint** never

   누가   한다   한다   무엇을   무엇을   .

장면 결혼기념일에 고급 레스토랑에서의 저녁 식사 후, 호텔에서 와인을 마시며 말합니다.

3 그렇게 나를 쳐다보는 것을 그만 둬.
블라인드 사이드 콜린스 **Hint** look, quit

_________ _________ _________ _________

_________ _________ .

장면 집에서는 함께 공부하잖아.

4 Shaw를 죽이는 것은 당신에게 평화를 가져오지 않을 것입니다.
엑스맨:퍼스트 클래스 찰스 자비에 **Hint** will, bring

_________ _________ _________ _________

_________ _________ .

장면 (어차피) 평화는 절대 선택사항이 아니야.

5 가장 큰 선물이자 명예는 너를 딸로 가진 것이지.
뮬란 아버지 파주 **Hint** gift, greatest

_________ _________ _________ and _________

_________ _________ _________ for a daughter.

장면 산유의 칼과 왕의 선물을 아버지께 드리자.

6 길을 아는 것과 길을 걷는 것의 사이에는 차이가 있지.

매트릭스 모피어스 **Hint** there, path

_______ _______ _______ between _______

_______ _______ and _______ _______ _______.

장면 네오가 모피어스를 구해낸 뒤 '오라클로부터 앞으로의 일을 알게 됐다'고 하자.

7 사랑이란 다른 누군가의 요구를 너의 것(요구) 앞에 두는 거야.

겨울왕국 눈사람 올라프 **Hint** put, before

_______ is _______ someone else's needs

_______ _______.

장면 안나가 사랑에 관해 묻자 올라프가 말합니다. 근데 <월플라워>에서는 위와 반대로 그것을 사랑으로 착각하지 말라고 했습니다.

8 그것(좋은 부모가 되는 것)은 더는 당신이 들을 수 없을 때조차 듣는 척하는 것에 대한 것입니다.

아이 엠 샘 샘 도슨 **Hint** pretend

It's about _______ _______ _______

even when _______ _______ _______ anymore.

장면 아빠보다 똑똑해진 아이를 키울 수 있다고 생각하는 이유가 뭐냐고 묻자.

9 저 티켓을 딴 것은, 로즈, 나에게 일어났던 일 중 가장 좋은 것이었어.

타이타닉 잭 도슨 **Hint** win, best

_______ _______ _______, Rose, _______

_______ _______ _______ that ever happened to me.

장면 바다에서 얼어 죽기 전의 대화 중.

정답

1 Daddy, that's cheating.
2 I never stopped loving you.
3 Quit looking at me like that.
4 Killing Shaw won't bring you peace.
5 The greatest gift and honor
   is having you for a daughter.

6 There's a difference between knowing
   the path and walking the path.
7 Love is putting someone else's needs
   before yours.
8 It's about pretending to listen.
   even when you can't listen anymore.
9 Winning that ticket, Rose, was
   the best thing that ever happened to me.

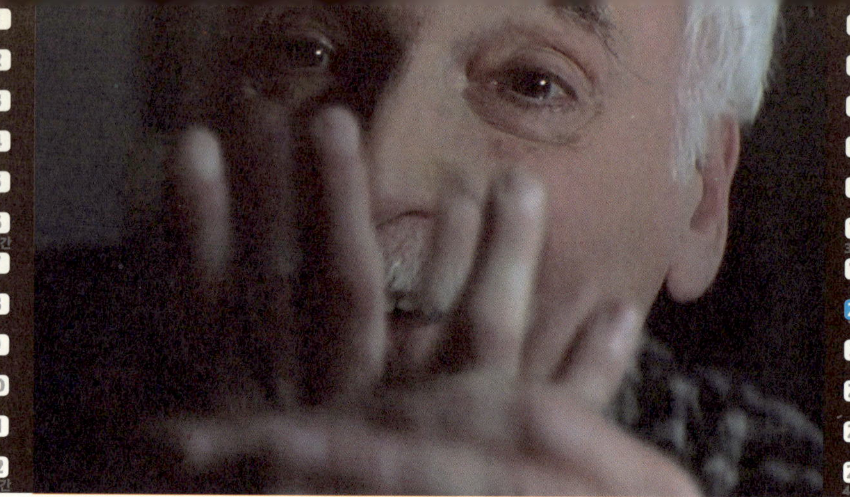

20 문제에 초점을 맞추면, 해결책을 볼 수 없어.

제목	평점	제작진	추천 영화	난이도
패치 아담스	네이버: 9.08	톰 새디악 감독	아름다운 세상을 위하여	★★★
장르	IMDB: 6.5	로빈 윌리엄스		장면 위치
코미디, 드라마		모니카 포터		0:11:09

 삶이 우울하기만 한 헌터 아담스는 스스로 정신병원에 입원합니다. 그 병원에서 너무 똑똑해서 이상해진 갑부를 만납니다. 갑부는 항상 네 손가락을 보이며 몇 개냐고 묻고 다닙니다. 처음엔 아담스도 4개라고 합니다. 하지만 갑부는 말합니다: If you focus on the problem, you can't see the solution.

그래서 아담스는 손가락이 8개라는 다른 답을 제시합니다. 이후에 새로운 관점으로 세상을 보려고 합니다. 그 방식은 정신병원 사람들의 치료에 도움을 줍니다. 그러면서 아담스는 다른 사람들에게 봉사할 때 자신이 행복한 것을 깨닫습니다. 그래서 정신병원을 나와 의대에 갑니다.

의사지만 물리적인 치료보다는, 환자와 의사의 관계에 의한 심리적인 치료에 더 관심이 많습니다. 환자를 좋아하는 아담스는 아직 병원에 들어갈 자격이 안 되었는데도 병원에 들어가서 환자들과 대화합니다. 하지만 학교 교수는 의사의 권위와 품격을 중요시 생각하는 사람입니다. 교수는 아담스의 행동을 싫어합니다. 어떻게든 아담스를 환자와 만나지 못하게 하고, 졸업 못하게 하려고 합니다. 그래서 아담스는 그 상황을 새로운 관점으로 해결하려고 합니다.

if	~한다면, ~라면	ugly	못생긴
focus	초점을 맞추다	chose	선택했다
solution	해결책		(choose의 과거)
permission	허락	version	판
court	법정	elaborate	장식된
throw a fit	발작하다	fancy	화려한
tear	찢다, 붕괴시키다	still	여전히
empty	빈	would	~하려 하다
matter	문제되다	cancer	암

문법 가정법은 한 시제 뒤로

If you focus on the problem,
네가 　 초점을 맞춘다면 　 그 　 문제에(접촉해서),

you can't see the solution.
너는 　 볼 수 없다 그 　 해결책을

가정법은 일어나지 않은 일을 '만약 일어났(/난)다면'하고 이야기하는 것입니다. 영어에서는 한 시제 과거의 시제로(미래는 현재로, 현재는 과거로, 과거는 과거 완료로) 표현합니다. 위의 예문에서는 미래를 가정하기 위해 현재시제로(focus, can't) 쓴 것입니다.

미래는 현재로: If you focus on the problem, you can't see the solution.

네가 (미래에) 초점을 맞춘다면/ 그 문제에, 너는 풀 수 없을 것이다/ 그 문제를

if는 접속사로 뜻은 '~한다면'인데, 다른 접속사와 다른 점은 주절(you can't see the solution.)에는 주로 조동사(예문에서는 can't)를 넣어야 합니다.

현재는 과거로: If you focused on the problem, you couldn't see the solution.

네가 (현재) 초점을 맞춘다면/ 그 문제에, 너는 풀 수 없을 것이다/ 그 문제를

과거는 과거 완료(had+Ved)로: If you had focused on the problem, you couldn't have seen the solution. (조동사 과거+have p.p.는 과거완료입니다.)

네가 (과거에) 초점을 맞췄다면/ 그 문제에, 너는 풀 수 없었을 것이다/ 그 문제를

이 단원에서 주절의 조동사는 will, would, might만 씁니다.

1 내가 죽으면, 너는 나의 허락을 가져.

얼라이브 빈센트 스파노 **Hint** permission, 미래를 가정

If _____누가_____ _____한다_____ ,

_____누가_____ _____한다_____ _____무엇을_____ _____무엇을_____ .

장면 나를 먹을 수 있다는 허락.

2 그가 시민법정을 보지 않으면, 그는 발작할 거에요.

레인 맨 찰리 배빗 **Hint** 미래를 가정

_____________ _____누가_____ _____한다_____ _____한다_____ People's Court,

_____누가_____ _____한다_____ throw a fit.

장면 모르는 집에 가서 '시민법정(TV 프로그램)'을 보기위해 시청률 조사하러 왔다고 거짓말하지만 안 먹히자 사실을 말합니다.

3 내가 해야 한다면 에펠 탑을 무너뜨릴 것이다

테이큰 브라이언 밀스 **Hint** tear down, have to, 미래를 가정

_____________ _____________ _____________ _____________ the Eiffle Tower

if _____________ _____________ to.

장면 옛 친구이자 현 프랑스 보안국 부회장에게.

4 여기(가슴)가 비어 있으면, 여기(머리)는 문제가 안 됩니다.

제리 맥과이어 디키 폭스 **Hint** empty, matter, 미래를 가정

_____________ _____________ is _____________ ,

_____________ _____________ _____________ .

장면 도로시와 헤어질 때.

5 그것(시기)이 3차대전이라고 해도 너한테는 총을 안 줄거야.

불가사리 버트 검머 **Hint** 현재를 가정.

_____________ _____________ _____________ _____________ _____________

if _____________ _____________ World War III.

장면 받은 총에 총알이 없자, 왜 총알을 안 넣어 줬냐고 물어보니.

6 네가 나라면, 나는 못생겼을 거야.

피터팬 피터팬 **Hint** ugly, were, 현재를 가정

________ ________ ________ ________,

________ ________ ________ ________.

장면 후크 선장이 '내가 너라면, 나는 포기했을 거야'라고 하자.

7 내가 진짜의 것과 한 장식된 것 사이에서 선택한다면,
나는 아마 화려한 것을 선택할 것 같아요.

빅 피쉬 닥터 베넷 **Hint** might, 현재를 가정

________ ________ ________ between the true version and an

elaborate one, ________ ________ ________ the fancy version.

장면 <라이프 오브 파이>의 마지막 장면과 <세컨핸드 라이온스>가 생각나는 대사입니다.

8 내가 그녀를 만나지 않았다면(과거)
그녀는 여전히 여기에 있을 거야(현재).

패치 아담스 헌터 아담스 **Hint** if절은 과거를 가정. 주절은 현재를 가정

________ ________ still ________ ________

if ________ ________ ________ ________.

장면 자선병원을 떠나려는 패치를 말리자.

9 내가 암을 가지지 않았다면, 나는 절대 너를 찾을 수 없었을 거야.

마이 시스터즈 키퍼 테일러 앰브로스 **Hint** cancer, would, 과거를 가정

________ ________ ________ ________ ________,

________ never ________ have ________ ________.

장면 병원에서 만난 백혈병에 걸린 여자친구에게.

정답

1 If I die,
you have my permission.

2 If he doesn't watch People's Court,
he will throw a fit.

3 I will tear down the Eiffel Tower
if I have to.

4 If this is empty, this doesn't matter.

5 I wouldn't give you a gun
if it was World War III.

6 If you were me,
I would be ugly.

7 If I chose between the true version and
an elaborate one, I might choose the
fancy version.

8 She would still be here
if I hadn't met her.

9 If I hadn't had cancer,
I never would have found you.

21 22가 내가 못 찾은 사람들 숫자야.

제목	평점	제작진	추천 영화	난이도
가디언	네이버: 9.01	앤드루 데이비스 감독	맨 오브 오너	★★★★
장르	IMBD: 6.8	에쉬튼 커쳐		**장면 위치**
모험, 드라마		케빈 코스트너		1:47:31

캄캄한 밤 폭풍이 몰아치는 바다 가운데 헬기 한 대가 날고 있습니다. 헬기에서 한 명 (벤 랜달)이 바다로 뛰어내립니다. 그 남자 옆에는 시체 5구와 죽어가는 한 남자가 있습니다. 배가 침몰하면서 구조요청을 한 것입니다.

그런데 파도가 높게 치면서 배의 파편이 헬기 뒷부분을 부숴버립니다. 헬기는 추락하고, 또 다른 구조요원 말고는 다 죽습니다. 그 구조요원은 화상을 심하게 입습니다. 두 구조요원은 다음날 발견되지만, 화상을 입은 구조요원은 이미 죽었습니다.

동료를 잃은 충격으로 벤은 트라우마가 생깁니다. 상부에서도 현장에서 일하기엔 나이가 많다며 안전요원 학생들 교육을 제안합니다. 벤은 몇 달 뒤 다시 구조요원으로 일하는 조건으로 학생들을 가르칩니다. 실전처럼 가르치기 위해 얼음물에서 저체온증을 경험하게 하거나, 바다 멀리 떨어트려 놓고 육지까지 헤엄쳐 오게 합니다.

가장 뛰어난 학생인 제이크 피셔는 고등학생 때 수영 챔피언이었습니다. 피셔는 벤의 기록에 관심이 많습니다. 가장 궁금한 것은 그가 구한 사람의 숫자인데, 벤은 끝까지 가르쳐 주지 않습니다. 벤은 이야기하죠: Twenty-two is the number of people that I lost. Only number I kept track of. 22가 못 찾은 사람 숫자고, 기억한 유일한 숫자야.

lost	잃었다 (lose의 과거, 과거분사)	**could**	~할 수도 있다
number	숫자	**such**	그런
keep track of	~을 계속 알다.(=놓치지 않고 따라가다)	**have**	가지다, 먹다
		realize	깨닫다
		power	힘
nutritious	영양 많은	**offer**	제안(하다)
sold	sell(팔다)의 과거	**refuse**	거절하다
kid	아이	**line**	선, 후손
remember	기억하다	**belly**	배

문법 **선행사와 관계대명사**

22 is the number of people that I lost.

22가 상태모습이다   그   숫자인   사람들의   / 그 사람들을 내가 잃었다.

위의 예문에서 people을 문장으로 설명하려고 that을 쓴 것입니다. 이 경우 people을 선행사라고 하며 that을 관계대명사라고 합니다. 선행사(people)는 관계대명사(that) 안으로 들어갑니다. that은 lost의 목적어(=무엇을) 역할을 하며 people을 포함하므로, 풀어쓰면 I lost the people이 됩니다.

그런데 선행사가 없는 경우에 관계대명사는 선행사를 포함합니다. '22 is the number of which I lost'의 뜻은 '22는 상태모습이다 어떤 것의 숫자인, 나는 잃었다 그 어떤 것을'이 됩니다. which는 of에 연결되는 명사도 되고, lost의 목적어도 됩니다.(전치사+관계대명사는 <4시간에 끝내는 영화영작: 응용패턴>에서 자세히 나옵니다.)

what은 항상 선행사를 포함하기 때문에 선행사를 가질 수 없습니다.

　　22 is a number what you get. X ⇒ 22 is what you get. O

that은 선행사가 없으면 명사 역할('누가', '무엇을')을 할 수 없어서, 뒤에 완전한(주어나 목적어가 빠지지 않은) 문장이 옵니다.(12단원에서 다룹니다.)

　　22 is that I lost. X ⇒ 22 is that I lost people. O

원문에서 관계대명사가 생략됐어도, 학습을 위해 이 단원에서는 생략하지 않았습니다.

　　22 is people ∮ I lost. ⇒ 22 is people that I lost.

1 영양 많은 인스턴트 마카로니 치즈 저녁과 사람들을 축복해주세요.
그 사람들은 그것을 할인된 가격으로 팔았어요. 아멘.

나 홀로 집에 1 케빈   **Hint** who, it

Bless this highly nutritious, microwavable macaroni and cheese

dinner and people ___누가___ ___한다___ ___무엇을___ on sale. Amen.

장면 저녁 식사 먹기 전의 기도.

2 나는...나는 실제로 아무것도 아니에요. //
난 단지 당신의 딸과 사랑에 빠진 한 아이입니다.

캐치 미 이프 유 캔 프랭크   **Hint** in, kid, who

I'm...I'm nothing, really. // ___누가+상태모습___ just ___어떤___

___어떤___ ___누가+상태모습___ _______ _______ with your daughter.

장면 노팅힐에서 안나도 비슷한 말을 합니다.

3 네가 누군지 기억해라.

라이온 킹 무파사

___한다___ ___선행사(+어떤)___ ___누가___ ___상태모습___ .

장면 구름 속의 아버지가.

4 나는 (그런 음악을 쓸 수 있는) 사람을 싫어할 수 없었어요.

불멸의 연인 조한나 터 스티지   **Hint** could, such, who

_______ _______ not _______ _______ _______

(_______ _______ _______ _______ _______).

장면 9번 교향곡을 듣고.

5 나는 똑똑한 사람이 아니야. // 하지만 나는 사랑이 뭔지 알아.

포레스트 검프 포레스트 검프   **Hint** what

I'm not a smart man. //

But _______ _______ _______ _______ _______ .

장면 제니에게 청혼한 뒤.

6 ◀ 저는 그녀가 먹는 중인 걸 먹을 거에요.

해리가 샐리를 만났을 때 호가드 **Hint** will have

★ 33 ＿＿＿＿＿＿ ＿＿＿＿＿＿ what ＿＿＿＿＿＿ ＿＿＿＿＿＿ .

장면 식당에서 샐리의 흥분 연기를 본 옆 손님이 음식 때문에 그런 줄 알고 점원에게.

7 ◀ 그들이 깨닫지 못하는 것은 그들이 그 힘을 갖고 있다는 것이야.

브루스 올마이티 신

What ＿＿＿＿＿＿ ＿＿＿＿＿＿ ＿＿＿＿＿＿ ＿＿＿＿＿＿

＿＿＿＿＿＿ ＿＿＿＿＿＿ ＿＿＿＿＿＿ ＿＿＿＿＿＿ .

장면 그 힘은 사람들이 신에게 바라고 있는 모든 것을 할 수 있는 힘을 말합니다.

8 ◀ 나는 그가 거절할 수 없는 제안을 만들 거야.

대부 1 돈 코르네오네 **Hint** be going to, can't, which

★ 2 ＿＿＿＿＿＿ ＿＿＿＿＿＿ ＿＿＿＿＿＿ ＿＿＿＿＿＿ ＿＿＿＿＿＿ ＿＿＿＿＿＿

＿＿＿＿＿＿ ＿＿＿＿＿＿ ＿＿＿＿＿＿ .

장면 일종의 협박으로.

9 ◀ 한 아이(그 아이는 당신의 후손이 아닌)가 내 배 속에서 자라요.

브레이브 하트 이사벨라 공주 **Hint** belly

＿＿＿＿＿＿ ＿＿＿＿＿＿ (＿＿＿＿＿＿ ＿＿＿＿＿＿ of your line)

＿＿＿＿＿＿ ＿＿＿＿＿＿ ＿＿＿＿＿＿ .

장면 왕에게 죽기 전에 속삭이며.

정 답

1 Bless this highly nutritious, microwaveable macaroni and cheese dinner and the people who sold it on sale. Amen.

2 I'm... I'm nothing, really. // I'm just a kid who's in love with your daughter.

3 Remember who you are.

4 I could not hate the man (who could write such music).

5 I'm not a smart man, //

But I know what love is.

6 I'll have what she's having.

7 What they don't realize is they have the power.

8 I'm going to make an offer which he can't refuse.

9 A child (who's not of your line) grows in my belly.

22 당신의 아내에게 말걸 수 있는 방법을 알아요.

제목	평점	제작진	추천 영화	난이도
식스 센스	네이버: 9.01	M. 나이트 샤말란 감독	아이덴티티	★★★
장르	IMDB: 8.2	브루스 윌리스	쏘우1	**장면 위치**
드라마, 스릴러, 공포				1:29:41

반전이 핵심인 영화는 유쥬얼 서스펙트, 아이덴티티, 쏘우 1, 디아더스 등일 텐데요. 제가 가장 큰 충격을 받은 것은 쏘우 1이었고, 그다음 식스센스, 아이덴티티였습니다. 아무리 스포일러를 안 하던 사람도 식스센스를 보면 '브루스 윌리스(=말콤 그로우)가 XX이다.'라고 말하고 싶어집니다.

　말콤은 정신과 의사입니다. 늦은 밤에, 10년간의 무성의한 치료에 한 환자가 불만을 품고 집의 창문으로 몰래 들어옵니다. 그는 말콤에게 총을 쏜 뒤 자살합니다.

　콜은 우울증을 겪는 말콤의 환자입니다. 우울증의 원인에는 부모의 이혼도 있지만, 죽은 사람들의 환영이 보이거나 소리가 들리기 때문입니다. 죽은 소녀가 토하며 메시지를 전하기도 하고, 100년 전 교수형 당한 가족들이 보이기도 합니다. 치료가 계속되면서 말콤은 콜에게 정말 그런 능력이 있음을 믿게 됩니다.

　말콤은 아내와의 관계가 좋지 않습니다. 서로 말을 하지 않은지도 오래됐고, 아내는 젊은 남자를 만나 외도를 하기도 합니다. 아내에게 말을 걸고 싶지만 말을 걸 수 없습니다. 그런데 콜이 대화할 수 있는 방법을 가르쳐줍니다: I got an idea how you can talk to your wife. Wait till she's asleep. Then she'll listen to you.

got	생기다, 얻다	happen	발생하다
idea	생각	rehearsal	리허설
how	어떻게, 얼마나	call	부르다
wife	아내	present	선물, 현재
asleep	잠든	last	마지막의, 최신의
place	장소	hang out	어울리다
born	태어나진	fast	빠른
	(bear의 과거분사)	care	신경쓰다
way	방법, 길		

문법 선행사와 관계부사

I got an idea how you can talk to your wife.
나는 가졌다　한　생각을　어떻게　당신이　말할 수 있는지　당신의　아내에게.

관계부사도 관계대명사처럼 선행사를 가질 수 있습니다. 다만 관계부사가 포함할 수 있는 의미의 선행사만 쓸 수 있습니다. when은 시간 관련 명사, where은 장소 관련 명사, how는 방법 관련 명사, why는 이유 관련 명사만 선행사로 쓸 수 있습니다.

예문에서 how의 선행사는 idea입니다. 다만 관계 대명사와 다른 점은, how는 '명사 역할(누가, 무엇을)'을 못하기 때문에 뒤에 문장에서 'You(누가) – talk(한다)'로 빠진 것이 없습니다. (talk를 자동사로 썼기 때문에 목적어는 필요 없습니다.)

관계부사 앞에 선행사가 없으면 관계부사는 선행사를 포함합니다.

I know how you can talk to your wife.

나는 안다 어떻게 당신이 말할 수 있는지 당신의 아내에게.

관계 부사를 부사절로 쓰는 경우는 넣지 않았습니다.(when만 10단원에 있습니다.)

I know an idea when I talk to you. 나는 안다 한 생각을 내가 당신에게 말할 때.

이 단원에서는 관계부사(예문의 how)를 쓰면 선행사(예문의 idea)를 생략하고, 선행사를 썼으면 관계부사를 생략했습니다.

1 그는 저 장소로 갔어(그곳에서 꿈들은 태어나지지).

에이 아이 나레이션 **Hint** where 생략

_____누가_____ _____한다_____ to that place

where _____누가_____ _____상태모습_____ _____어떤_____ .

장면 엄마와 함께 죽는 마지막 장면.

2 당신이 나의 (존재하는) 이유야.

뷰티풀 마인드 존 내쉬 **Hint** why 생략

_____누가_____ _____상태모습_____ the reason

(why) _____누가_____ _____상태모습_____

장면 노벨상 수상 연설의 끝에서.

3 나는 돈과 함께 있는 (모습의) 당신이 좋아요.

연인 소녀 **Hint** how 생략

_____누가_____ _____한다_____ _____무엇을_____

the way _____누가_____ _____상태모습_____ _____ _____ _____ .

장면 나의 어떤 점이 좋냐고 묻자. <귀여운 여인>에서도 비슷한 대답을 합니다.

4 저는 어떻게 이것이 일어나는 중인지 모르겠어요.

프리퀀시 존 설리반 **Hint** how, happen

_____ _____ _____

how _____ is _____ .

장면 무선통신으로 미래에서 연락이 오자 처음에는 믿지 않다가 작은 추장이라는 말에 자기 아들임을 알게 됩니다.

5 이것이 우리가 리허설을 가지는 이유지.

마이클 잭슨의 디스 이즈 잇 마이클 잭슨 **Hint** why, rehearsal

_____ is _____

_____ _____ (a) _____ .

장면 리허설 중 틀렸을 때.

6 저것은 그것(현재)이 현재라고 불리는 이유지.

쿵푸 팬더 1 대사부 **Hint** present

________ ________

why ________ ________ ________ ________ .

장면 힘들어하며 다시 국수나 만들러 가야겠다고 하는 포에게.

7 그것(오늘)이 우리가 어울릴 마지막 날이야.

원스 남자 **Hint** hang out, when 생략

________ ________ ________ ________

(when) we'll ________ ________ .

장면 남편이랑 다시 합치기로 해서 다시는 만날 수 없게 됐을 때 붙잡으며.

8 나는 그들이 얼마나 빠르게 달리는지 신경 쓰지 않아.

쿨 러닝 데리스 배녹 **Hint** fast

________ ________ ________

________ , ________ ________ ________ .

장면 '나는 더 빠르게 달릴 것이니까.'라고 자신있게 여자친구한테 말하고 갔는데...

9 우리는 어디에서 올 수 있는지는 선택할 수 없지만,
거기로부터 어디로 갈지는 선택할 수 있어요.

월플라워 찰리 **Hint** where

We can't choose ________ ________ ________ from,

but we can choose ________ ________ ________ from there.

장면 내 의사가 이렇게 말했어요.

정답

1 He went to that place
  where dreams are born.
2 You are the reason (why) I am.
3 I like you
  the way you are with your money.
4 I don't know how this is happening.
5 This is why we have (a) rehearsal.

6 That is why it's called the present.
7 It's the last day (when) we'll hang out.
8 I don't care how fast they run.
  (how 뒤에 형용사나 부사(예문에서는 fast)가
  바로 올 수 있습니다.)
9 We can't choose where we can come from,
  but we can choose where we go from there.

23 왜 태어났니?

제목	평점	제작진	추천 영화	난이도
코렐라인	네이버: 9.10	헨리 셀릭 감독	나니아 연대기	★★
장르	IMDB: 7.7	다코타 패닝	유령 신부	**장면 위치**
애니메이션, 판타지, 가족, 모험, 스릴러		테리 헤처		0:07:20

캐롤라인(Caroline)은 흔한 이름이지만, 코렐라인(Coreline)이라는 이름은 없습니다. 영화보는 내내 짜장면을 자장면이라고 하는 듯한 불편함을 느꼈습니다(작품 자체는 훌륭하고 그동안 본 애니메이션 중에 손에 꼽을 만큼 재미있습니다.). 이웃의 친구 이름은 와이본(Wyborne)입니다. 와이본이란 이름은 없고, 비슷한 발음인 와이번(Wyvern)은 용처럼 생긴 동물을 일컫습니다. 와이본이 코렐라인의 이름이 이상하다고 하자 코렐라인도 이름 가지고 한마디 합니다: Why were you born.

오래된 집으로 이사 온 코렐라인은 가정에 신경 쓰지 않는 바쁜 엄마, 아빠가 마음에 들지 않습니다. 그러던 중 쥐가 치즈를 훔쳐서 숨겨진 작은 문으로 들어가는 것을 보고 쫓아갑니다. 그 문을 통과하면 코렐라인이 꿈꾸던 예쁜 집에 가정적인 가짜 엄마, 아빠가 있습니다. 다만 진짜 부모님과 다른 점은 눈이 단추로 되어 있다는 것입니다. 그 부모님과 즐거운 시간을 보내고 잠이 들면, 다시 원래의 집으로 돌아옵니다.

하루는 가짜 엄마 아빠가 눈을 단추로 꿰매고 여기서 평생 사는 것은 어떻겠냐고 제안합니다. 코렐라인은 무서워서 빨리 자겠다고 합니다. 자면 돌아가니까요. 하지만 자고 일어났어도 돌아가지지 않았습니다. 어떻게 해야 할까요?

born	태어나진	learn	배우다
where	어디	shoot	쏘다
why	왜	sorry	미안한, 유감인
how	어떻게	so	아주, 그래서, 그렇게
when	언제	well	잘
what	무엇	fix	고치다
baby	아기	everything	모든 것
begin	시작하다	pity	불쌍히 여기다
covet	탐내다	admire	존경하다

문법 **do you, are you 앞에 의문사**

Why were you born?
왜　　　상태모습이니　너는　　　태어나진?

의문문의 종류는 2가지입니다. do-you(=조동사-누가)로 시작하는 것(2단원)과 are-you(=비동사-누가)로 시작하는 것(4단원)입니다.

의문사(when, where, why, how)로 묻는 것은 2가지의 의문문 앞에 의문사만 붙여주면 됩니다.

　　Were you born? 너는 상태모습이었니 태어나진?

　　⇒ When were you born? 언제 너는 상태모습이었니 태어나진?

　　⇒ How was he born? 어떻게 그는 상태모습이었니 태어나진?

　　Why did you bear him? 왜 너는 낳았니 그를?

who(m), what, which로 '무엇을'을 묻는 경우엔 who(m), what, which가 '무엇을'을 포함하기 때문에 무엇을(=목적어)을 쓰지 않습니다.

　　Did you bear him? 너는 그를 낳았니?

　　⇒ Who(m) did you bear? 너는 누구를 낳았니? (bear 뒤에 '무엇을'이 없음)

　　Who(m) does he like? 그는 누구를 좋아하니? (like 뒤에 '무엇을'이 없음)

　　What did you like? 너는 무엇을 좋아했니? (like 뒤에 '무엇을'이 없음)

'누가'를 묻는 것과, 응용된 의문문은 <4시간에 끝내는 영화영작: 응용패턴>에 나옵니다.

1 ◀ 어디를 가는 중이에요?

레인 맨 찰리 배빗   **Hint** where, go

____의문사____ ____어떤____ ____누가____ ____상태모습____ ?

장면 13분 뒤에 시민법정 할 시간이다. (시민법정을 꼭 봐야 합니다.)

2 ◀ 왜 너는 아기를 가졌니?

블루 라군 리차드

____의문사____ __________ ____누가____ ____한다____

____무엇을____ ____무엇을____ ?

장면 아기가 태어나자.

3 ◀ 어떻게 우리는 탐내기 시작하는가, 클라리스?

양들의 침묵 한니발 렉터   **Hint** covet

__________ __________ __________ __________

to __________ , Clarice?

장면 사람들은 매일 보는 것을 탐내기 시작합니다.

4 ◀ 어디서 그렇게 쏘는 것을 배웠어요?

백 투 더 퓨쳐 3 총 판매상   **Hint** shoot, like

__________ __________ __________ __________

to __________ like that?

장면 세븐 일레븐(의 오락기)에서요.

5 ◀ 당신이 무엇에 대해 미안해해야 하는가?

신데렐라 맨 조 굴드   **Hint** have to

__________ __________ __________ __________ __________

__________ __________ about?

장면 세금 낼 돈이 없어서 과거에 소속됐던 곳에 찾아가서 돈을 구걸하며 미안하다고 말할 때.

6. 어떻게 당신은 여자들(에 대해)을 그렇게 잘 쓸 수 있어요?

이보다 더 좋을 순 없다 멜빈 유달   **Hint** so well

________ ________ ________ ________ ________

________ ________ ?

장면 남자를 생각하고 이성과 책임감을 빼면 돼.

7. 왜 나는 내가 건드리는 모든 것을 고치지?

주먹왕 랄프 펠릭스   **Hint** touch

________ ________ ________ ________

(that) ________ ________ .

장면 창문을 부수고 나가려고 망치로 쳤는데 고쳐졌을 때.

8. 어떻게 제가 존경하는 누군가를 불쌍히 여길 수 있어요?

레이 델라 베아 로빈슨   **Hint** could, pity, someone, admire

________ ________ ________ ________ ________

(that) ________ ________ .

장면 맹인이라고 불쌍히 여기지 말고 솔직하게 얘기해달라고 하자.

9. 3개월 후에 어디에 있을 거예요?

러브 어페어 마이크   **Hint** in

________ ________ ________ ________

________ ________ ________ ?

장면 비행기에서 헤어지기 전에 약속합니다.

정답

1 Where are you going?
2 Why did you have a baby?
3 How do we begin to covet, Clarice?
4 Where did you learn to shoot like that?
5 What do you have to be sorry about?

6 How do you write women so well?
7 Why do I fix everything (that) I touch?
8 How could I pity someone (that) I admire?
9 Where will you be in three months?

24 난 행복해지고, 잠도 자고, 뿌리내리고 싶어.

제목	평점	제작진	추천 영화	난이도
레옹	네이버: 9.35	뤽 베송 감독	퍼펙트 월드	★★★★
장르	IMDB: 8.6	장 르노	터미네이터 2	**장면 위치**
범죄, 액션, 드라마		나탈리 포트만	테이큰	1:54:58
			그랜 토리노	

둥근 렌즈의 선글라스, 검고 작은 비니, 짧게 깎은 머리와 턱수염, 검정 롱코트. 코트와 가방 안에는 폭탄과 총, 도끼 등 무기가 가득합니다. 레옹은 5명은 쉽게 처리할 수 있는 전문 청부살인가입니다.

옆집에 사는 마틸다는 12살의 담배 피우는 비행소녀입니다. 마약 거래상인 아버지는 마틸다를 종종 때립니다. 그런데 아버지가 부패한 마약 단속반 경찰에게 마약을 속여 팔았다는 이유로 마틸다를 제외한 온 가족이 살해당합니다. 이후에 마틸다는 레옹과 같이 살고 싶어 합니다. 하지만 레옹은 자신의 일이 위험하므로 원하지 않습니다.

마틸다는 집안일을 돕고, 레옹에게 글을 가르쳐주며 살인 청부업자가 되기로 합니다. 그리고 레옹을 사랑하게 됩니다. 레옹도 마틸다를 사랑하게 됩니다.

마틸다는 인형을 가지러 집에 갔다가, 가족을 죽인 경찰의 거처를 알게 됩니다. 레옹에게 부탁하지만 거절 당합니다. 마틸다는 혼자서 죽이러 갔다가 붙잡혀서, 레옹이 구해옵니다. 그 사실을 알게 된 경찰은 레옹을 죽이기 위해 마약 단속반 전체를 끌고 레옹의 아파트에 갑니다. 혼자 단속반 전체를 상대하다가 상황이 안 좋아지자 마틸다와 헤어지며 이렇게 얘기합니다: I wanna be happy, sleep in a bed, (and) have roots.

root	뿌리	old	늙은
warm	따뜻한	preacher	목사님
hug	포옹	parents	부모님
son	아들	fought	싸웠다(fight의
long	그리워하다		과거, 과거분사)
then	그러고 나서	well	잘, 글쎄
mute	벙어리, 말없는	hard	열심히, 딱딱한
anybody	누군가	right	바로, 옳은
kid	아이	dinner	저녁 식사

문법 and 사용법

I wanna be happy, sleep in a bed,
나는 원한다 상태모습인 것을 행복한, 자는 것을 한 침대에서,

(and) have roots.
(그리고) 가지는 것을 뿌리들을.

예문의 wanna는 want to를 줄인 것입니다.

and가 나오면 항상 and 뒤에 나온 단어의 품사(=단어의 종류)를 확인해야 합니다. 예문에서는 have(동사)가 나왔기 때문에 and 앞에서 동사를 찾습니다. 동사는 want, be, sleep이 있습니다.

각 단어의 앞부분을 and와 have roots사이에 넣고 해석을 해봅니다. want의 앞부분: I have roots. / be의 앞부분: I wanna have roots. / sleep의 앞부분: I wanna be happy, have roots. 의미상 가장 자연스러운 것은 'be: I wanna have roots.'입니다.

콤마가 여러 개 나오고 맨 뒤에 and가 나오면, 콤마들은 and를 의미합니다. 콤마와 sleep 사이에도 I wanna가 생략된 것입니다. 풀어쓰면,

I wanna be happy, (I wanna) sleep in a bed, and (I wanna) have roots.

or, but도 and처럼 쓸 수 있습니다.

I sleep in a bed or have roots. 나는 잔다 침대에서 또는 (나는) 가진다 뿌리들을.

I sleep in a bed but have roots. 나는 잔다 침대에서 그러나 (나는) 가진다 뿌리들을.

1 나는 올라프고 나는 따뜻한 포옹들을 좋아해.

겨울왕국 올라프   **Hint** Olaf, hug, 문장 연결

누가+상태모습 ____ 어떤 ____

and ____ 누가 ____ 한다 ____ warm ____ 무엇을 ____ .

장면 눈사람 올라프가 자신을 소개할 때.

2 너는 나의 아들이고, 한 진짜 왕이야.

라이온 킹 무파사   **Hint** son, true, 명사 연결

누가+상태모습 ____ 어떤 ____ 어떤 ____

and one ____ 어떤 ____ 어떤 ____ .

장면 구름 속에서 아버지가.

3 그는 나에게 저 갈망(말하고 싶은)을 주셨고
그러고 나서 나를 벙어리로 만드셨다.

아마데우스 안토니오 살리에리   **Hint** mute, 동사 연결

누가 ____ 한다 ____ 누구에게 ____ that longing

and then ____ 한다 ____ 무엇이 ____ 어떻게 ____ .

장면 모차르트가 살리에르의 곡을 원곡보다 멋지게 변주하는 모습을 회상한 뒤.

4 (미래에는) 누군가 더 이상 걷거나 뛰지는 않나요?

백 투 더 퓨쳐 3 에멧 브라운 박사   **Hint** anybody, or, 동사 연결

____ ____ ____ ____ ____ anymore?

장면 과거로 간 박사에게 질문하자 '재미삼아 걷거나 뛰기도 한다'고 대답합니다.

5 나는 그녀에 대해 말하는 것이 필요하지 않고
그림(사진)들을 보는 것도(필요하지 않아).

레인 오버 미 찰리 파인맨   **Hint** talk, look, 동사 연결

____ ____ ____ ____

about her or ____ ____ ____ .

장면 보지 않아도 어디를 가든 보이니까요. 그러니까 제발 좀 절 내버려 두세요.

6 삶은 항상 이렇게 힘든가요?
아니면 그것은 당신이 단지 아이일 때 그랬나요?

레옹 마틸다 **Hint** it, hard, kid, 문장 연결

_______ _______ _______ this _______,

or _______ _______ just when you're _______ _______?

장면 아버지에게 맞아서 코피를 흘리며 레옹에게 묻자, 레옹이 항상 힘든 것이라고 답합니다.

7 (나랑 같은 이름의)저 늙은 목사와 내가 다른 한 가지는
그는 신을 위해 일한다는 점이고, 나는 신이라는 점이지.

맨 오브 오너 레슬리 W. 빌리 선데이 **Hint** 명사연결, that절 연결

The only difference between _______ and that old preacher

is that he _______ _______ God and (that) _______ _______!

장면 첫 훈련에서 자신을 소개하며.

8 당신은 나의 부모님께 내가 오늘 잘 싸웠다고,
내가 열심히 싸웠다고 말해주세요

블랙 호크 다운 제이미 **Hint** tell, fight, hard, that절 연결

You _______ _______ _______ that _______ _______ well

today and that _______ _______ _______.

장면 죽기 전에 유언으로.

9 지금 당장, 우리는 저녁 식사를 하면서 TV를 보는 중이다.

마틸다 해리 웜우드 **Hint** eat, watch, Ving 연결

Right now, _______ _______ _______

and _______ _______.

장면 마틸다가 몰래 바른 접착제 때문에 해리(아빠)의 머리에 붙은 모자를 힘들게 떼어내고는 화가 나서.

정답

1 I'm Olaf
and I like warm hugs

2 You're my son and one true king

3 He gave me that longing
and then made me mute.

4 Does anybody walk or run anymore?

5 I don't need to talk
about her or look at pictures.

6 Is life always this hard,
or is it just when you re a kid?.

7 The only difference between me
and that old preacher
is that he worked for God and
(that) I'm God!

8 You tell my parents that I fought well
today and that I fought hard.

9 Right now, we're eating dinner
and watching TV.

찾아보기

명대사 100 (미국영화 연구소)

1	"Frankly, my dear, I don't give a damn." Gone with the Wind	Rhett Butler	Clark Gable
2	"I'm going to make him an offer he can't refuse." Godfather, The Godfather	Vito Corleone	Marlon Brando
3	"You don't understand! I coulda had class. I coulda been a contender. I could've been somebody, instead of a bum, which is what I am." On the Waterfront	Terry Malloy	Marlon Brando
4	"Toto, I've got a feeling we're not in Kansas anymore." Wizard of Oz, TheThe Wizard of Oz	Dorothy Gale	Judy Garland
5	"Here's looking at you, kid." Casablanca	Rick Blaine	Humphrey Bogart
6	"Go ahead, make my day." Sudden Impact	Harry Callahan	Clint Eastwood
7	"All right, Mr. DeMille, I'm ready for my close-up." Sunset Boulevard	Norma Desmond	Gloria Swanson
8	"May the Force be with you." Star Wars	Han Solo	Harrison Ford
9	"Fasten your seatbelts. It's going to be a bumpy night." All About Eve	Margo Channing	Bette Davis
10	"You talkin' to me?" Taxi Driver	Travis Bickle	Robert De Niro
11	"What we've got here is failure to communicate." Cool Hand Luke	Captain	Strother Martin
12	"I love the smell of napalm in the morning." Apocalypse Now	Lt. Col. Bill Kilgore	Robert Duvall
13	"Love means never having to say you're sorry." Love Story	Jennifer Cavilleri	Ali MacGraw
14	"The stuff that dreams are made of." Maltese Falcon, TheThe Maltese Falcon	Sam Spade	Humphrey Bogart
15	"E.T. phone home." E.T. the Extra-Terrestrial	E.T.	Pat Welsh
16	"They call me Mister Tibbs!" In the Heat of the Night	Virgil Tibbs	Sidney Poitier
17	"Rosebud." Citizen Kane	Charles Foster Kane	Orson Welles

18	"Made it, Ma! Top of the world!" White Heat	Arthur Cody Jarrett	James Cagney
19	"I'm as mad as hell, and I'm not going to take this anymore!" Network	Howard Beale	Peter Finch
20	"Louis, I think this is the beginning of a beautiful friendship." Casablanca	Rick Blaine	Humphrey Bogart
21	"A census taker once tried to test me. I ate his liver with some fava beans and a nice Chianti." Silence of the Lambs	Hannibal Lecter	Anthony Hopkins
22	"Bond. James Bond." Dr. No	James Bond	Sean Connery
23	"There's no place like home." Wizard of Oz, TheThe Wizard of Oz	Dorothy Gale	Judy Garland
24	"I am big! It's the pictures that got small." Sunset Boulevard	Norma Desmond	Gloria Swanson
⭐**25**	"Show me the money!" Jerry Maguire	Rod Tidwell	Cuba Gooding, Jr.
26	"Why don't you come up sometime and see me?" She Done Him Wrong	Lady Lou	Mae West
27	"I'm walking here! I'm walking here!" Midnight Cowboy	"Ratso" Rizzo	Dustin Hoffman
28	"Play it, Sam. Play 'As Time Goes By.'" Casablanca	Ilsa Lund	Ingrid Bergman
⭐**29**	"You can't handle the truth!" A Few Good Men	Col. Nathan R. Jessup	Jack Nicholson
30	"I want to be alone." Grand Hotel	Grusinskaya	Greta Garbo
⭐**31**	"After all, tomorrow is another day!" Gone with the Wind	Scarlett O'Hara	Vivien Leigh
32	"Round up the usual suspects." Casablanca	Capt. Louis Renault	Claude Rains
⭐**33**	"I'll have what she's having." When Harry Met Sally…	Customer	Estelle Reiner

34	"You know how to whistle, don't you, Steve? You just put your lips together and blow." To Have and Have Not	Marie Slim Browning	Lauren Bacall
35	"You're gonna need a bigger boat." Jaws	Martin Brody	Roy Scheider
36	"Badges? We ain't got no badges! We don't need no badges! I don't have to show you any stinking badges!" Treasure of the Sierra Madre, TheThe Treasure of the Sierra Madre	"Gold Hat"	Alfonso Bedoya
37	"I'll be back." Terminator, TheThe Terminator	The Terminator	Arnold Schwarzenegger
38	"Today, I consider myself the luckiest man on the face of the earth." Pride of the Yankees, TheThe Pride of the Yankees	Lou Gehrig	Gary Cooper
39	"If you build it, he will come." Field of Dreams	Shoeless Joe Jackson	Ray Liotta (voice)
40	"Mama always said life was like a box of chocolates. You never know what you're gonna get." Forrest Gump	Forrest Gump	Tom Hanks
41	"We rob banks." Bonnie and Clyde	Clyde Barrow	Warren Beatty
42	"Plastics." Graduate, TheThe Graduate	Mr. Maguire	Walter Brooke
43	"We'll always have Paris." Casablanca	Rick Blaine	Humphrey Bogart
44	"I see dead people." Sixth Sense, TheThe Sixth Sense	Cole Sear	Haley Joel Osment
45	"Stella! Hey, Stella!" A Streetcar Named Desire	Stanley Kowalski	Marlon Brando
46	"Oh, Jerry, don't let's ask for the moon. We have the stars." Now, Voyager	Charlotte Vale	Bette Davis
47	"Shane. Shane. Come back!" Shane	Joey Starrett	Brandon De Wilde
48	"Well, nobody's perfect." Some Like It Hot	Osgood Fielding III	Joe E. Brown
49	"It's alive! It's alive!" Frankenstein	Henry Frankenstein	Colin Clive
50	"Houston, we have a problem." Apollo 13	Jim Lovell	Tom Hanks

#	Quote	Character	Actor
51	"You've got to ask yourself one question: 'Do I feel lucky?' Well, do ya, punk?" *Dirty Harry*	Harry Callahan	Clint Eastwood
52	"You had me at 'hello.'" *Jerry Maguire*	Dorothy Boyd	Renée Zellweger
53	"One morning I shot an elephant in my pajamas. How he got in my pajamas, I don't know." *Animal Crackers*	Capt. Geoffrey	Groucho Marx
54	"There's no crying in baseball!" *A League of Their Own*	Jimmy Dugan	Tom Hanks
55	"La-dee-da, la-dee-da." *Annie Hall*	Annie Hall	Diane Keaton
56	"A boy's best friend is his mother." *Psycho*	Norman Bates	Anthony Perkins
57	"Greed, for lack of a better word, is good." *Wall Street*	Gordon Gekko	Michael Douglas
58	"Keep your friends close, but your enemies closer." *Godfather Part II, TheThe Godfather Part II*	Michael Corleone	Al Pacino
59	"As God is my witness, I'll never be hungry again." *Gone with the Wind*	Scarlett O'Hara	Vivien Leigh
60	"Well, here's another nice mess you've gotten me into!" *Sons of the Desert*	Oliver	Oliver Hardy
61	"Say 'hello' to my little friend!" *Scarface*	Tony Montana	Al Pacino
62	"What a dump." *Beyond the Forest*	Rosa Moline	Bette Davis
63	"Mrs. Robinson, you're trying to seduce me. Aren't you?" *Graduate, TheThe Graduate*	Benjamin Braddock	Dustin Hoffman
64	"Gentlemen, you can't fight in here! This is the War Room!" *Dr. Strangelove or: How I Learned to Stop Worrying and Love the Bomb*	Merkin Muffley	Peter Sellers
65	"Elementary, my dear Watson." *Adventures of Sherlock Holmes, TheThe Adventures of Sherlock Holmes*	Sherlock Holmes	Basil Rathbone
66	"Get your stinking paws off me, you damned dirty ape." *Planet of the Apes*	George Taylor	Charlton Heston
67	"Of all the gin joints in all the towns in all the world, she walks into mine." *Casablanca*	Rick Blaine	Humphrey Bogart
68	"Here's Johnny!" *Shining, The Shining*	Jack Torrance	Jack Nicholson

#	Quote / Film	Character	Actor
69	"They're here!" Poltergeist	Carol Anne Freeling	Heather O'Rourke
70	"Is it safe?" Marathon Man	Dr. Christian Szell	Laurence Olivier
71	"Wait a minute, wait a minute. You ain't heard nothin' yet!" Jazz Singer, TheThe Jazz Singer	Jakie Rabinowitz	Al Jolson
72	"No wire hangers, ever!" Mommie Dearest	Joan Crawford	Faye Dunaway
73	"Mother of mercy, is this the end of Rico?" Little Caesar	Cesare Enrico Bandello	Edward G. Robinson
74	"Forget it, Jake, it's Chinatown." Chinatown	Lawrence Walsh	Joe Mantell
75	"I have always depended on the kindness of strangers." A Streetcar Named Desire	Blanche DuBois	Vivien Leigh
76	"Hasta la vista, baby." Terminator 2: Judgment Day	The Terminator	Arnold Schwarzenegger
77	"Soylent Green is people!" Soylent Green	Det. Robert Thorn	Charlton Heston
78	"Open the pod bay doors please, HAL." 2001: A Space Odyssey	Dave Bowman	Keir Dullea
79	Striker: "Surely you can't be serious." Rumack: "I am serious…and don't call me Shirley." Airplane!	Ted Striker and Dr. Rumack	Robert Hays and Leslie Nielsen
80	"Yo, Adrian!" Rocky	Rocky Balboa	Sylvester Stallone
81	"Hello, gorgeous." Funny Girl	Fanny Brice	Barbra Streisand
82	"Toga! Toga!" National Lampoon's Animal House	John "Bluto" Blutarsky	John Belushi
83	"Listen to them. Children of the night. What music they make." Dracula	Count Dracula	Bela Lugosi
84	"Oh, no, it wasn't the airplanes. It was Beauty killed the Beast." King Kong	Carl Denham	Robert Armstrong
85	"My precious." Lord of the Rings: The Two Towers, TheThe Lord of the Rings: The Two Towers	Gollum	Andy Serkis
86	"Attica! Attica!" Dog Day Afternoon	Sonny Wortzik	Al Pacino

#	Quote / Film	Character	Actor
87	"Sawyer, you're going out a youngster, but you've got to come back a star!" 42nd Street	Julian Marsh	Warner Baxter
88	"Listen to me, mister. You're my knight in shining armor. Don't you forget it. You're going to get back on that horse, and I'm going to be right behind you, holding on tight, and away we're gonna go, go, go!" On Golden Pond	Ethel Thayer	Katharine Hepburn
89	"Tell 'em to go out there with all they got and win just one for the Gipper." Knute Rockne, All American	Knute Rockne	Pat O'Brien
90	"A martini. Shaken, not stirred." Goldfinger	James Bond	Sean Connery
91	"Who's on first?" Naughty Nineties, TheThe Naughty Nineties	Dexter	Bud Abbott
92	"Cinderella story. Outta nowhere. A former greenskeeper, now, about to become the Masters champion. It looks like a mirac...It's in the hole! It's in the hole! It's in the hole!" Caddyshack	Carl Spackler	Bill Murray
93	"Life is a banquet, and most poor suckers are starving to death!" Auntie Mame	Mame Dennis	Rosalind Russell
94	"I feel the need—the need for speed!" Top Gun	Lt. Pete Mitchell and Lt. Nick Bradshaw	Tom Cruise and Anthony Edwards
★ 95	"Carpe diem. Seize the day, boys. Make your lives extraordinary." Dead Poets Society	John Keating	Robin Williams
96	"Snap out of it!" Moonstruck	Loretta Castorini	Cher
97	"My mother thanks you. My father thanks you. My sister thanks you. And I thank you." Yankee Doodle Dandy	George M. Cohan	James Cagney
98	"Nobody puts Baby in a corner." Dirty Dancing	Johnny Castle	Patrick Swayze
99	"I'll get you, my pretty, and your little dog too!" Wizard of Oz, TheThe Wizard of Oz	Wicked Witch	Margaret Hamilton
★ 100	"I'm the king of the world!" Titanic	Jack Dawson	Leonardo DiCaprio

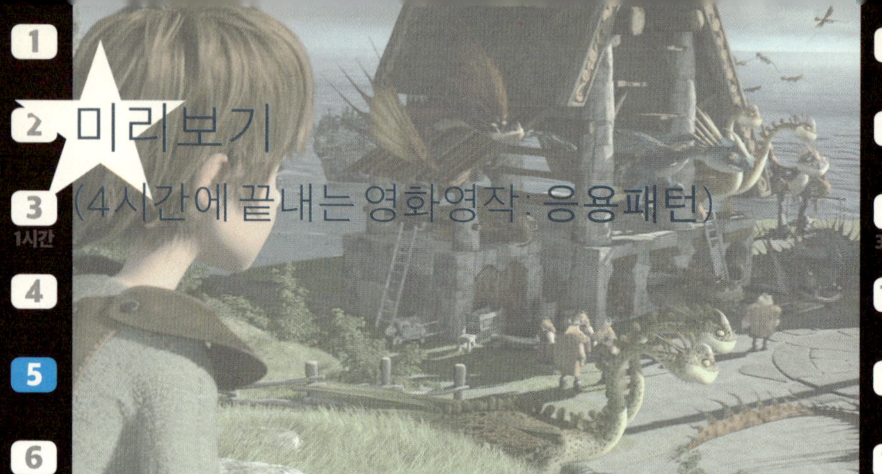

★ 미리보기
(4시간에 끝내는 영화영작 : 응용패턴)

5 다른 지역들이 말이나 앵무새를 갖는 반면에, 우리는 용을 가져요.

제목	평점	제작진	추천 영화	난이도
드래곤 길들이기	네이버: 9.34	딘 데블로이스 감독	쿵푸팬더	★★★
장르	IMDB: 8.2	크리스 샌더스 감독	슈렉 2	**장면 위치**
애니메이션, 모험		제이 바루첼	아바타	01:28:42

영웅이라 하면 태생부터 보통의 사람과는 비교도 안 될 만큼의 배경과 능력을 갖추고 있습니다. 갑부인 배트맨과 아이언맨, 거미줄을 발사하는 스파이더맨, 하늘을 나는 슈퍼맨 등. 보면 볼수록 현실의 자신을 더 초라하게 만들곤 하는데요.

반면에, 소위 실패자(=루저)라고 할 만한 주인공도 있습니다. 괴물 슈렉이나 <쿵푸팬더>의 포 등. <드래곤 길들이기>의 히컵도 그런 루저 주인공입니다. 히컵이 더 불쌍한 점이라면, 아버지가 바이킹 족의 족장이라는 화려한 배경 때문에, 몸이 약하고 싸움에 소질이 없음에도 어쩔 수 없이 강해져야만 하는 점입니다.

바이킹족은 용들과 전쟁을 합니다. 싸움을 못 하는 히컵은 전쟁에 직접 참여하지 못하고 대장간에서 칼 만드는 일을 합니다. 그러다 우연히 부상당한 전설의 용을 발견하고, 그 용을 돌보기 위해 용들의 특성을 연구합니다. 그래서 힘이 아닌 기술로 용을 제압할 수 있게 되고, 끝내는 큰 공을 세우게 됩니다. 또한, 사람들에게 용을 길들이는 방법을 알려줍니다: While other places have ponies or parrots, we have dragons.

place	장소, 지역	witness	증인
pony	조랑말	hungry	배고픈
parrot	앵무새	any	어떤
dragon	용	grow	자라다
grow	자라다	tough	거친
die	죽다	tasteless	맛없는
hard	어려운	even	심지어
drive	운전하다	more	더욱
leave	남기고 떠나다	so	그렇게, 그래서, 아주

■ 문법 접속사 2

While other places have ponies or parrots, we have dragons.

(~하는 반면에) 다른 　지역들이　 가지는 반면에 말들을 　또는　 앵무새들을
우리는 　가진다　 용들을.

<4시간에 끝내는 영화영작:기본패턴>에서 설명했듯이, 모든 접속사는 동사(=한다) 뒤에 붙여서 해석합니다. while은 '~하는 반면에, ~하는 한(≒as long as)'으로 해석하는데, 위 예문의 while은 have 뒤에 붙어서 '가지는 반면에'가 됩니다.

as: '~처럼(≒like), ~할 때(≒when), ~하므로(≒because)'로 이며, 전치사인 경우에는 '~로서'로만 해석합니다. as 뒤에 명사가 하나만 나오면 as를 전치사로 쓴 것이고, 문장(누가-한다~ 또는 누가-상태모습이다~)이 나오면 as를 접속사로 쓴 것입니다.
I have a dragon as a trainer. 나는 조련사로서 한 용을 가진다. (전치사 as)
I have a dragon as I need a help. 나는 도움이 필요할 때 한 용을 가진다. (접속사 as)

since: '~한 이래로, ~하기 때문에(≒because)'로 해석 합니다. since 뒤에 문장이 아니라 시간만 나오면(전치사인 경우) '~이래로'로만 해석합니다.

for: '왜냐하면(≒becuase, ~하기 때문에)'으로 해석합니다.

before: '~전에'로 해석하며, 반대말은 after(~후에)입니다.

문법 영작 2 pages

실제 책의 디자인과 문제의 수는 달라질 수 있습니다.

1 내가 숨 쉬는 한 어떤 것도 끝난 게 아니야.

아바타 마일즈 쿼리치 대령 **Hint** while, breath

누가+상태모습　　　어떤

접속사　　누가+상태모습　　어떤　　.

장면 전쟁에서 졌지만 끝까지 싸우면서.

2 당신이 말한 것처럼, 오래된 습관들은 죽기 어려워요.

싸이코 밀튼 아보가스트 형사 **Hint** old habits, as

접속사　　누가　　한다　,

　　　　　　hard.

장면 형사의 질문에 거짓말 하다가 걸리는 상황에서.

3 그냥 멀리 운전해서 나를 떠나세요 내가 당신을 떠나는 것처럼.

로마의 휴일 앤 공주 **Hint** away, as

Just ________ ________ and ________ ________

________ ________ ________ ________ .

장면 차 안에서 죠와 헤어질 때.

9 신께서 나의 증인이실 때 (말합니다), 나는 절대 다시 배고프지 않을 거에요.

바람과 함께 사라지다 스칼렛 오하라 **Hint** witness, as, will, again

________ God ________ ________ ________ ,

________ never ________ ________ ________ .

장면 전쟁 때문에 마을은 황폐화 되고 먹을 것도, 돈도 없을 때.

정답

1 Nothing's over while I'm breathing.
2 As you say,
   old habits die hard.

3 Just drive away and leave me
   as I leave you.
9 As God is my witness,
   I'll never be hungry again.

스토리 영작 2 pages

실제 책의 디자인과 문제의 수는 달라질 수 있습니다.

1 여기는 Berk에요.
드래곤 길들이기 히컵 **관련 단원** 기본패턴 3

___________ ___________ ___________ .

장면 마지막에 새로워진 마을을 소개하며.

2 어떤 음식도 (그 음식은 여기서 자랍니다) 거칠거나 맛이 없어요.
드래곤 길들이기 히컵 **Hint** tough, tasteless **관련 단원** 기본패턴 21

___________ ___________ (that ___________ ___________)

___________ ___________ and ___________ .

3 그 사람들은 (그 사람들은 여기서 자랍니다.) 심지어 더 그래요(거칠거나 맛이 없음).
드래곤 길들이기 히컵 **Hint** grow, so **관련 단원** 기본패턴 21

___________ ___________ (that ___________ ___________)

___________ even more ___________ .

9 다른 장소들이 말이나 앵무새를 가지는 반면, 우리는 용들을 가져요.
드래곤 길들이기 히컵 **Hint** pony, parrots **관련 단원** 응용패턴 5

___________ ___________ ___________ ___________

___________ ___________ , ___________ ___________ ___________ .

1 This is Berk.
2 Any food (that grows here)
is tough and tasteless.

3 The people (that grow here)
are even more so.
9 While other places have ponies
or parrots, we have dragons.

★ 난이도별 책 소개

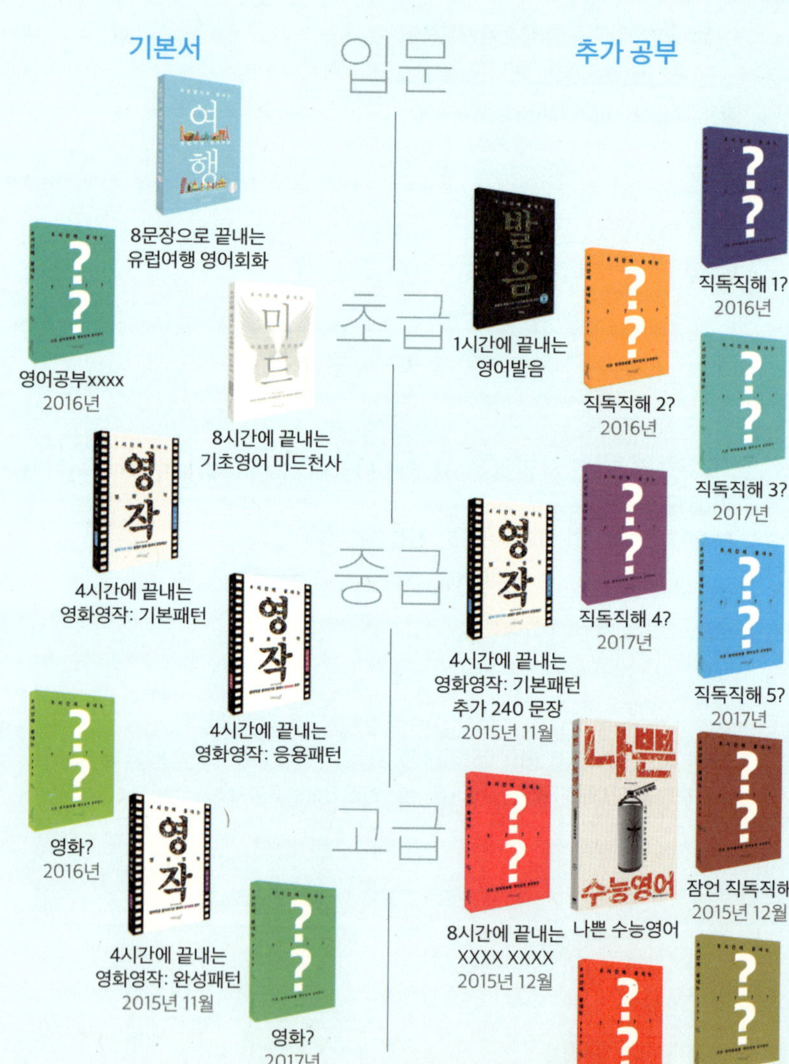

기본서
입문
추가 공부
초급
중급
고급
8문장으로 끝내는
유럽여행 영어회화
영어공부xxxx
2016년
8시간에 끝내는
기초영어 미드천사
4시간에 끝내는
영화영작: 기본패턴
4시간에 끝내는
영화영작: 응용패턴
영화?
2016년
4시간에 끝내는
영화영작: 완성패턴
2015년 11월
영화?
2017년
1시간에 끝내는
영어발음
4시간에 끝내는
영화영작: 기본패턴
추가 240 문장
2015년 11월
8시간에 끝내는
XXXX XXXX
2015년 12월
나쁜 수능영어
직독직해 2?
2016년
직독직해 4?
2017년
직독직해 1?
2016년
직독직해 3?
2017년
직독직해 5?
2017년
잠언 직독직해
2015년 12월

⭐ 감사드립니다

끝없는 지혜를 주시는 하나님께 감사드립니다.

책 쓰는 동안 루나를 돌보고, 오랜 시간 참고 기다려 준 아내(이향은)에게 감사드립니다.

책 내용의 개선에 큰 도움을 주신 아버지(황오주)께 감사드립니다.

좋은 의견을 주신 어머니(김행자), 장인어른(이순동), 장모님(김분란), 용호, 아카리, 의윤, 선미씨께 감사드립니다.

멋진 영화를 만들어주신 영화사, 배급사, 영화관, 영화 관계자분들께 감사드립니다.

네이버 영화를 관리하시는 분들, 명대사를 쓴 모든 분, 각종 영화 정보와 영어 자막이 있는 imbd, podnapisi 관리자분들, smi2srt를 만들어주신 skotlex님께 감사드립니다.

책에 쓰인 산돌 고딕 neo1 폰트를 만들어주신 산돌 커뮤니케이션, 예쁘게 제작해주신 동양인쇄분들께 감사드립니다.

제가 성장할 수 있도록 많은 도움을 주신 영어 선생님들(강수정, 문영미, 김경환, 박태현), 디자인 선생님들(김태형, 안광욱, 안지미), 빛과 소금 회사분들, 학생들께 감사드립니다.

이 책으로 공부한 프라임학원 학생들, 송지헌 원장님께 감사드립니다.

저의 이전 저서를 출간해주신 위즈덤하우스, 리베르, 와이엘북 대표님들과 관계자분들께 감사드립니다.

읽어 주신 독자분들께 진심으로 감사드립니다.